영어 교사가 만든

영어 교사를 위한

찐 실전 ChatGPT

생성형 AI 영어수업 활용하기!

손지선, 양현, 박석경, 박한나 공저

머리말

인공지능(AI)의 발전은 교육의 모든 측면에서 혁신적인 변화를 가져오고 있습니다. '영어 교사를 위한 찐 실전 챗GPT 생성형 AI 영어수업 활용하기!'는 이러한 변화의 중심에서, AI 챗봇 기술을 활용하여 영어 교육의 질을 높이고 교사들의 업무 부담을 덜어 주기 위해 기획된 책입니다.

첫 번째 장에서는 챗GPT의 기본 개념과 작동 원리, 유의 사항을 설명합니다. 챗GPT가 무엇인지, 어떻게 작동하는지, 그리고 영어 교육에 어떤 방식으로 적용될 수 있는지를 이해하는 것은 앞으로의 활용에 있어 필수적입니다.

두 번째 장에서는 챗GPT를 활용하여 수업 자료를 만드는 방법을 다룹니다. 영어 교사들은 항상 새로운 자료를 준비하고 학생들의 흥미를 끌 수 있는 콘텐츠를 만들어야 하는데, 챗GPT는 이러한 작업을 더 효율적이고 창의적으로 수행할 수 있도록 도와줍니다. 챗GPT를 사용하면 어휘, 문법, 읽기, 말하기, 쓰기 등 거의 모든 영역에 대한 수업 준비에 큰 도움이 됩니다.

세 번째 장에서는 수행평가를 간편하게 하는 방법을 소개합니다. 수행평가는 학생들의 실제 영어 실력을 평가하는 중요한 방법이지만, 많은 시간과 노력이 요구됩니다. 챗GPT를 활용하면 평가 기준 설정, 피드백 작성 등이 훨씬 수월해집니다.

네 번째 장에서는 시험 문제 출제 방법에 대해 설명합니다. 챗GPT는 다양한 난도의 문제를 생성할 수 있으며, 객관식, 주관식 등 여러 형태의 문제를 빠르고 정확하게 작성할 수 있습니다. 이를 통해 시험 문제를 작성하는 데 더 적은 시간을 소모하고, 그 시간에 더 많은 교육 활동에 집중할 수 있습니다.

마지막으로 다섯 번째 장에서는 생활기록부 기재를 간편하게 하는 방법을 다룹니다. 아시다시피 학기말에 생활기록부 작성은 상당한 시간이 소요됩니다. 챗GPT를 활용하면 학생들의 개별적인 특성을 묘사하는 문장을 더 쉽게 작성할 수 있고, 이를 통해 더욱 효율적인 생활기록부 작성이 가능해집니다.

챗GPT는 단순한 도구 이상으로, 교육의 질을 향상시키고 교사들의 업무 부담을 줄이는 데 크게 이바지를 할 수 있습니다. 이 책이 영어 교사 여러분께 실질적인 도움이 되기를 바라며, 챗GPT를 통해 보다 창의적이고 효과적인 영어 교육을 실현할 수 있기를 기대합니다.

저자 일동

목차

1장

챗GPT란?

2장

챗GPT로 수업 자료 만들기

4장

챗GPT로 시험 문제 쉽게 출제하기

5장

챗GPT로 생활기록부 쉽게 기재하기

1장

챗GPT란?

1. 필수 상식
2. 미리 준비해 두어야 할 것들

1. 필수 상식

1. 기본 원리

챗GPT는 대화를 의미하는 chat과 "Generative Pre-trained Transformer"를 뜻하는 GPT(언어 모델의 일종)를 합친 이름으로, 사전에 대규모의 데이터를 머신러닝으로 미리 학습한 후 이를 기반으로 사용자의 프롬프트에 대한 답변을 제시하는 OpenAI사의 인공지능 챗봇이다. 대화를 생성하거나 문장을 완성하거나 번역하는 등 다양한 작업에 활용될 수 있으며, 특정 작업에 적합하도록 더 학습시킬 수도 있다. 이러한 학습 과정을 거치면 더 정확하고 유용한 결과를 얻을 수 있다. 챗GPT의 특징을 정리하면 다음과 같다.

1. 자연어 처리 기술을 이용하여 자연스러운 대화를 제공한다.
2. 다양한 분야에서 사용될 수 있다.
3. 많은 데이터를 학습하였으므로 높은 정확도를 보인다.
4. 한정된 범위 내에서만 답변을 제공할 수 있다.
5. 충분한 학습 데이터가 없는 경우 성능이 저하될 수 있다.

2024년 11월 기준, 챗GPT는 다음 두 가지의 요금제로 제공되고 있다. 챗GPT 무료 요금제로는 GPT-4o mini와 GPT-4o를 사용할 수 있고, 유료 요금제인 챗GPT Plus로는 GPT-4o mini, GPT-4o, 그리고 GPT-4 모두 사용할 수 있다. 무료 요금제에서 쓸 수 있는 GPT-4o의 메시지 횟수에 대한 OpenAI사의 공식적인 발표는 없지만, 유료 요금제의 경우 GPT-4o를 사용할 수 있는 횟수가 무료 버전보다 5배 정도 높다고 한다.

GPT-4o는 2024년 5월에 출시된 모델로, 상호 작용 속도가 개선되고 멀티모달(텍스트, 오디오, 이미지, 비디오 등 다양한 모드를 다룬다는 뜻) 기능 등을 갖추고 있다. 실제로 사용해보면 GPT-4보다 빠른 속도에 놀라게 된다. GPT-4o는 텍스트 생성 속도가

GPT-4의 2배라고 한다. GPT-4o mini는 더 작고 효율적인 모델로, GPT-3.5 Turbo보다 성능이 높다고 한다.

GPT-4o는 빠른 답변을 제공하며 기본적인 정보 제공이나 간단한 질문 응답 등에서 충분히 높은 성능을 발휘한다. 따라서 많은 요청을 빠르게 처리할 때 적합하다. GPT-4는 더 복잡하고 정밀한 작업을 수행할 수 있으며 고차원적 분석이나 전문적인 콘텐츠 생성에 유리하다. 챗GPT Plus의 가격은 현재 월 $20이다.

2. 가입 방법

챗GPT는 간단한 회원 가입 절차를 통해 사용할 수 있다. https://chat.openai.com/auth/login에 접속하여 'SIGN UP'을 눌러 회원 가입을 한다. 개인 구글 계정으로 로그인하면 편리하다.

3. 학생 연령에 따른 사용 지침

미성년자인 학생들의 챗GPT 활용과 관련된 OpenAI사의 지침은 다음과 같다.

Is ChatGPT safe for all ages?

- ChatGPT is not meant for children under 13, and we require that children ages 13 to 18 obtain parental consent before using ChatGPT. While we have taken measures to limit generations of undesirable content, ChatGPT may produce output that is not appropriate for all audiences or all ages and educators should be mindful of that while using it with students or in classroom contexts.
- We advise caution with exposure to kids, even those who meet our age requirements, and if you are using ChatGPT in the education context for children under 13, the actual interaction with ChatGPT must be conducted by an adult.

13세 이하의 아이들에게는 챗GPT 사용이 적합하지 않으며, 13세부터 18세의 아이들이 챗GPT를 활용하려면 사용 전 부모의 동의를 받아야 한다고 한다.

챗GPT를 포함한 생성형 AI가 널리 사용되면서 교육청에서도 생성형 AI 사용에 관한 지침을 배포하였다. 2023년도에 서울시교육청이 배포한 지침을 요약하면 다음과 같다.

- 초등학생은 교사의 시연을 통해 챗GPT를 포함한 생성형 AI를 간접 체험할 수 있으며 직접 체험은 불가능하다.
- 중학생과 고등학생은 부모나 법적 보호자의 허락을 받은 후, 교사의 지도 아래 수업 시간에 직접 활용할 수 있다. 다만 수업과 교육 활동에서 생성형 AI를 활용하기 전에는 반드시 사전 교육을 실시해야 하며, 여기에는 생성형 AI의 원리, 한계점, 윤리적 사용에 대한 내용이 포함되어야 한다.

4. 저작권 관련 문제

주변 선생님들로부터 “챗GPT로 만든 결과물은 출처를 표시해야 하나요?”라는 질문을 자주 받는다. 챗GPT에 입력하는 프롬프트나 출력되는 결과물은 사용자가 저작권을 가진다. 따라서 결과물을 수업 자료에 사용하는 데 있어서 개발사인 OpenAI의 허락을 받을 필요는 없다.

> Ownership of Content. As between you and OpenAI, and to the extent permitted by applicable law, you (a) retain your ownership rights in Input and (b) own the Output. We hereby assign to you all our right, title, and interest, if any, in and to Output.

5. 비슷한 사이트

챗GPT와 같은 원리로 사용할 수 있는 비슷한 생성형 AI 도구는 다음과 같다.

1. 코파일럿(Copilot)

마이크로소프트사가 개발한 챗봇으로 Bing Chat이라는 이름으로 불리다가 2023년 11월 Copilot으로 이름이 바뀌었다. 답변하는 데 참고한 출처를 알려 주기 때문에 답변을 재확인할 수 있으며, 검색 답변 옵션을 창작, 균형 잡힘, 정확함 3가지 중에서 고를 수 있다.

2. 제미나이(Gemini)

구글에서 개발한 챗봇으로, 초기에는 Bard라는 이름이었으나 2024년 2월에 Gemini로 명칭을 바꾸었다. 텍스트뿐만 아니라 이미지, 오디오 등 다양한 형식의 정보를 이해하고 분석할 수 있다는 특징이 있다.

3. 뤼튼(Wrtn)

한국을 기반으로 둔 뤼튼테크놀로지스에서 운영하고 있는 생성형 AI 플랫폼 서비스로서 챗GPT와 같은 다양한 생성형 AI를 무료로 사용할 수 있다. 특히 GPT-4를 무료로 사용할 수 있도록 서비스 중이므로, 한국어로 질문하고 답변할 때 매우 유용하다.

6. 프롬프트 엔지니어링의 기초

프롬프트(Prompt)란 챗GPT에 수행해야 하는 작업을 알려 주는 문장을 의미한다. 챗GPT를 처음 써 보는 사람들은 나름대로 프롬프트를 입력해도 원하는 결과물이 나오지 않아서 난감해 한다. 사실 효과적으로 프롬프트를 쓰는 방법은 따로 존재하며, 이를 '프롬프트 엔지니어링(Prompt Engineering)'이라고 부른다. 지금도 전 세계에서 많은 사람이 프롬프트 엔지니어링을 연구하고 있다. 대체적으로 다음 3가지 요소는 필수로 넣는 것이 바람직하다고 여겨진다.

1. 역할 부여

역할을 부여하면 챗GPT가 자신이 수행할 역할이 무엇인지 파악할 수 있으므로 보다 적절한 결과물을 도출할 수 있다.

2. 구체적 목표

프롬프트를 통해 얻고자 하는 결과물의 목표를 구체적으로 제시한다면 보다 만족스러운 결과물을 얻을 수 있다. 예를 들어, 단순히 'Write a story using the second conditional'이라는 목표를 제시하기보단 'Create a CEFR A2 level short story (50 words) using the second (unreal) conditional in the context of expressing hypothetical or imaginary situations.'라고 좀 더 구체적인 목표를 제시했을 때 보다 양질의 결과물을 얻을 수 있다.

3. 구조 형식화

프롬프트를 제시하는 방법은 싱글턴과 멀티턴, 2가지 방법이 있다. 싱글턴은 한 번에 결과물을 도출하는 것이고 멀티턴은 챗GPT와 대화하듯이 여러 번에 나누어 결과물을 도출하는 방식이다. 싱글턴이 더 효율적이므로 본 책에서는 되도록이면 싱글턴으로 프롬프트를 제시하였다.

7. 마크다운 언어

구조 형식화를 잘 하려면 '마크다운(Markdown)' 언어라는 것을 먼저 이해해야 한다. 마크다운 언어를 아주 간단히 설명하자면, 컴퓨터가 알아듣는 문법을 가진 언어이다. 예를 들어, 우리는 보고서를 작성할 때 목차를 1. 가. (1) … 이런 식으로 제목의 위계를 표시한다. 하지만 마크다운 언어에서는 다음과 같이 문단 제목을 표현한다.

큰 제목
중간 제목
작은 제목

그렇다면 '볼드체'는 마크다운 언어로 어떻게 표현할까? 다음과 같이 하면 된다.
제목

여기서 ** 대신에 *를 사용하면 이탤릭체를 뜻한다.
제목

마크다운 언어를 알아야 하는 이유는 챗GPT가 바로 마크다운 언어를 사용하여 결과를 표시할 뿐 아니라, 우리가 프롬프트에 사용하는 마크다운 언어도 잘 알아듣기 때문이다. 즉 어떤 텍스트 앞에 #를 붙이면 이를 문단 제목으로 알아들으며, ** 사이에 텍스트를 넣는다면 이것을 강조한다는 뜻으로 받아들인다는 것이다. 마크다운에는 여러 문법이 있지만 #와 ** 이 두 가지 표시만 이해해도 다음의 후카츠식 프롬프트 작성을 더 쉽게 이해할 수 있다.

8. 후카츠(Fukatsu)식 프롬프트 작성법

싱글턴으로 더 좋은 결과를 얻기 위한 프롬프트 엔지니어링에는 여러 가지 방식이 있으나 그중 후카츠식 프롬프트 작성법을 소개한다. 후카츠식은 다음과 같이 작성한다.[1)]

```
#Command
You are (역할).
Please output the best (목적) based on the constraints and input statements below.

#Constraints
(제한 조건 내용)

#Input
(명령 내용)

#Output
```

- #Command라고 쓴 부분에는 역할과 전반적인 목적과 명령문을 준다.
- constraint는 '제한 조건'을 뜻하며, #Constraints에 제한하고 싶은 내용을 써 주면 된다.
- 우리가 보통 생각하는 명령문은 #Input 부분에 써 준다.
- #Output 다음에는 아무것도 써 주지 않는다.

1)출처: https://github.com/seung-seop-ahn/prompt-engineering 응용

예를 들어, 다음과 같은 시험 출제용 프롬프트가 있다고 해 보자.

[출제할 지문 붙여넣기]

Create choices for the test prompt below.
Test prompt: Which title best describes the passage?
Make 5 choices that are correct answers.
Make 5 choices that are wrong answers. They should look attractive enough.

Use only CEFR B1 level words.

Provide your explanation for each choice.

위를 후카츠식으로 고쳐 쓰면 다음과 같이 쓸 수 있다.

#Command
You are a professional ESL teacher and a test maker with 20 years of experience.
Output the best **test choices and explanations** based on the constraints and input statements below.

#Constraints
The choices should be concise, clear and professional.
The choices should not be longer than **20** words.
Use only CEFR **A2** level words.

#Input
[출제할 지문 붙여넣기]

Create choices for the test prompt below.
Test prompt: **Which title best describes the passage?**

Make 5 choices that are correct answers.
Make 5 choices that are wrong answers. They should look attractive enough.
Provide your explanation for each choice.

#Output

후카츠식으로 한다고 해서 결과가 크게 달라지지는 않지만, 이런 구조화의 최대 장점은 프롬프트를 재활용하거나 개선하기가 쉽다는 것이다. 예를 들어, 위에서 언어 수준을 A1으로 낮추고 싶다면 #Constrains로 가서 A2를 A1으로 바꾸면 된다. 또한, 언어 수준, 단어 수와 같이 매번 사용할 때마다 주의하거나 바꿔야 할 부분은 **으로 표시해 두면 찾기도 편하고 잊지 않고 바꿀 수 있다. 이 때문에 본서에서도 후카츠식 프롬프트를 곳곳에 사용했다.

9. 유의해야 할 점들

- '인간지능'과 '인공지능'을 동시에 쓰기

챗GPT는 영어를 매우 잘하지만, 훈련 데이터의 한계나 프롬프트를 잘못 이해해서 엉뚱한 답변을 내놓는 경우가 많다. 이렇게 부정확한 정보를 마치 정확한 정보처럼 제공하는 것을 '할루시네이션(Hallucination)'이라고 부른다. 따라서 챗GPT가 제공하는 정보를 수업 자료로 활용할 때는 교사의 검토 과정이 꼭 필요하다. 영어를 아주 잘하는 AI 비서가 생긴 것일 뿐, 완벽하지 않으므로 교사가 꼼꼼하게 검수해야 한다.

- 프롬프트는 짧고 간명하게 주기

'AI라서 나에 대해 학습을 할지도 모르니 공손하게 질문해야 할까?'라고 생각할 수 있다. AI라고 하면 〈터미네이터〉와 같은 영화가 떠오르다 보니 챗GPT도 생각을 할 수 있다고 착각하기 쉽다.

하지만 챗GPT는 말은 잘해도 사실 감정도 없고 생각도 할 수 없다. 그저 앞뒤 문맥에 확률적으로 가장 자연스러운 어휘를 배치할 뿐이다. 따라서 프롬프트에 '~해줄 수 있니~?' 라든지 'Would you please~?' 같은 말을 붙일 필요가 없다. 따라서 'Write ~', 'Make ~', 'Create ~'와 같이 명령문을 활용하여 짧고 분명한 프롬프트를 주는 편이 낫다.

- 되도록 영어로 질문하기

영어로 답변하는 것이 속도와 퀄리티가 월등하게 높다. 영어로 질문하기 어렵다면, 한국어로 질문하고 '영어로 답해 줘'라고 하거나, 번역기인 파파고 / DeepL을 쓰거나, 프롬프트 지니(Prompt Genie)와 같은 크롬 확장 프로그램을 활용하면 된다.

- 최신 정보는 대답할 수 없음에 유의하기

2024년 7월 현재, 챗GPT 3.5 모델은 2021년 9월까지의 데이터를 학습한 상태로 이후 일어난 최신 내용에 대해서는 제대로 답변하지 못할 수 있다. 최신 영화나 책에 대한 질문은 답하지 못한다.

2. 미리 준비해 두어야 할 것들

1. 유용한 확장 프로그램

챗GPT는 프롬프트를 한국어로 제시하는 것보다 영어로 제시할 때 더 빠르고 정확한 결과물을 얻을 수 있다. 그렇다면 영어로 매번 프롬프트를 쓰기가 부담스러우면 어떻게 할까?

'프롬프트 지니(Prompt Genie)'라는 확장 프로그램을 활용하면 한국어 프롬프트를 바로 영어로 번역해 주기 때문에 보다 편리하게 챗GPT를 사용할 수 있다. 또한, 영어 결과물도 한국어로 번역해 준다. 프롬프트 지니를 설치하기 위해서는 구글 계정에 로그인해야 한다.

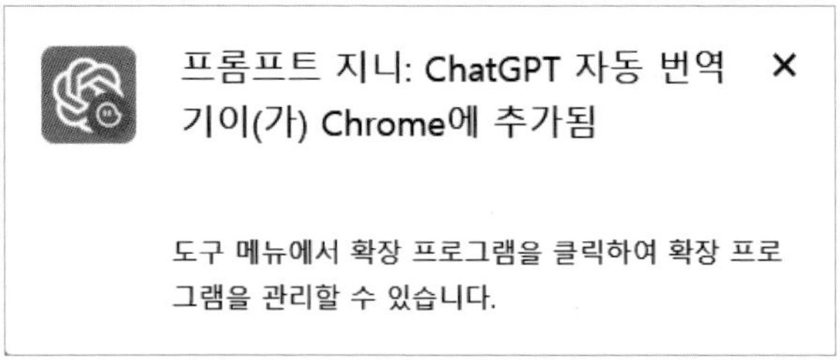

해당 확장 프로그램은 크롬(Chrome) 브라우저에서 설치 가능하다. 구글에서 프롬프트 지니를 검색하여 Chrome 웹스토어를 접속하고 'Chrome에 추가'를 눌러 확장 프로그램을 추가하면 설치가 완료된다.

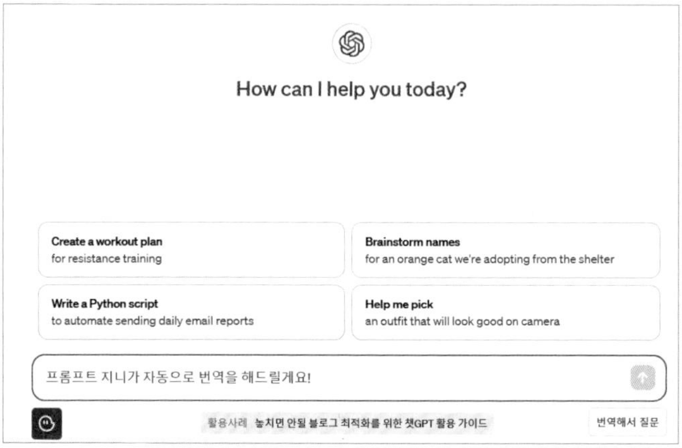

프롬프트 지니가 정상적으로 설치되었다면, 챗GPT에 접속했을 때 위와 같이 좌측에 지니 아이콘이 생성되고 안내문이 나오는 것을 확인할 수 있다.

질문 내용: 인사말로 쓸 수 있는 영어 표현 5개 알려줘.

Please tell me 5 English expressions that can be used as greetings.

Certainly! Here are five English expressions that can be used as greetings:

"Hello!"
"Hi there!"
"Hey, how's it going?"
"Good morning / afternoon / evening!"
"What's up?"
These are commonly used informal greetings in English.

번역된 내용
틀림없이! 인사말로 사용할 수 있는 다섯 가지 영어 표현은 다음과 같습니다.

"안녕하세요!"
"안녕하세요!"
"안녕하세요, 잘 지내요?"
"좋은 아침 / 오후 / 저녁입니다!"
"무슨 일이야?"
영어로 흔히 사용되는 비공식 인사말입니다.

이렇게 프롬프트 지니를 활용하면 어렵게 영어를 사용하지 않아도 자동으로 한국어로 된 질문을 영어로 번역해 주고, 챗GPT의 영어 대답도 한국어로 번역해 준다.

2. 에러 대처하기

"Too many requests in 1 hour. Try again later."

챗GPT를 사용하면서 종종 마주칠 수 있는 에러다. 이를 해결하는 몇 가지 방법이 있다.

첫째, 구글 아이디를 여러 개 생성하여 운용한다. 하나는 에러가 나더라도 다른 하나는 문제없이 사용할 수도 있다.

둘째, 밤 22시~02시는 영미권의 피크타임이라 이 에러가 자주 발생한다. 이 시간에 사용하지 않는 것을 권장한다.

셋째, 부가 기능을 너무 많이 설치하면 이런 일이 발생하기도 한다. 개인적으로 부가 기능은 꼭 필요한 것들로 최소한만 쓰는 것을 권장한다.

TIP 챗GPT의 답변이 너무 길어서 중간에 잘리는 것은 에러가 아니다. 이때는 'continue', 'keep going'이라고 하면 이어서 작성해 준다.

3. 챗GPT 사용 시 유용한 단축키

단축키를 활용하면 좀 더 효율적으로 챗GPT를 사용할 수 있다. 자주 사용하는 단축키를 정리하면 다음과 같다.

기능	단축키
새로운 채팅 열기	Ctrl + Shift + O
마지막 답변 복사	Ctrl + Shift + C
명령어 입력창 바로가기	Shift + ESC
채팅 삭제	Ctrl + Shift + Backspace

4. CEFR 등급 참고하기

본 책에서는 학생들의 수준에 맞추어 챗GPT의 영어 수준을 조정하기 위해 CEFR이라는 기준을 사용한다. CEFR은 유럽연합 공통언어 표준 등급으로 언어 능력을 평가하고 표준화하는 데 사용되는 등급이다. CEFR은 여섯 가지 수준으로 구성되어 있는데 이는 이해, 의사소통, 그리고 작문 및 듣기 등과 관련이 있다. 간단하게 정리해 보면 다음과 같다.

1. A1 수준: 초급자

- 간단한 일상 대화를 이해하고 사용할 수 있음.
- 매우 기본적인 문법 및 어휘 습득.

2. A2 수준: 초급자

- 간단한 일상 대화 및 간단한 지시 사항을 이해하고 사용할 수 있음.
- 일상적인 주제에 관한 간단한 글을 이해할 수 있음.

3. B1 수준: 중급자

- 일상적인 상황에서의 대화에 참여할 수 있음.
- 기본적인 글을 이해하고 작성할 수 있음.

4. B2 수준: 중급자

- 일상적인 대화 및 일반 주제에 관한 토론에 참여할 수 있음.
- 다양한 주제에 관한 글을 이해하고 작성할 수 있음.

5. C1 수준: 고급자

- 복잡한 텍스트를 이해하고 의견을 표현할 수 있음.
- 전문적인 주제에 관한 글을 이해하고 작성할 수 있음.

6. C2 수준: 고급자

- 매우 복잡한 텍스트를 이해하고 자유롭게 의사 표현할 수 있음.
- 언어에 대한 미묘한 뉘앙스 및 문화적 차이를 이해하고 사용할 수 있음.

일반적으로 초등학생의 경우 A1, 중학생은 A2, 그리고 고등학생의 경우 B1, B2 수준으로 나타낼 수 있다. 물론 학생 개개인마다 차이가 있기 때문에 등급을 적절히 조정하여 사용할 필요가 있다. 이외에도 챗GPT는 Lexile 800 Level, K-8 Level과 같은 말도 이해하지만, CEFR이 조금 더 간편하게 쓸 수 있다고 본다.

2장

챗GPT로 수업 자료 만들기

1. 어휘 수업 준비하기

1. 어휘 학습지 만들기

거의 모든 어휘 학습은 읽기 지문을 기반으로 이루어진다. 챗GPT에 본문을 제시하면 어려운 단어만 추출하여 한국어 뜻, 영영풀이, 예문 등 원하는 내용을 제공받을 수 있다. 한국어로 간단하게 지시한 프롬프트를 먼저 살펴보자.

다음 지문에서 어려운 단어 5개를 찾아서 base form, 한국어 뜻, 영영풀이, 예문을 알려줘.
Everything changed during a winter vacation in Iceland, where I witnessed wonderful Northern Lights.Taking pictures of those lights got me excited again. After winning a photo contest with those pictures, I decided to be a professional photographer. After years of trial and error, my photography skill improved and now, I enjoy my job as a professional photographer.[3)]

---

1. witnessed

- Base form: witness
- 한국어 뜻: 목격하다
- 영영풀이: to see, hear, or know by personal presence and perception
- 예문: During the winter vacation in Iceland, I witnessed the breathtaking Northern Lights.

2. excited

- Base form: excite
- 한국어 뜻: 흥분한
- 영영풀이: having, showing, or characterized by a heightened state of energy, enthusiasm, eagerness
- 예문: Capturing images of the lights got me excited about photography once again.

3) 출처: 윤정미 외, (2020), Middle School English 3, 동아출판

3. contest

- Base form: contest
- 한국어 뜻: 대회
- 영영풀이: a competition in which participants compete to achieve a specific goal
- 예문: I decided to pursue a career as a professional photographer after winning a photo contest.

4. trial and error

- Base form: error
- 한국어 뜻: 시행착오
- 영영풀이: a process of experimentation and learning from mistakes or failures
- 예문: Over the years of trial and error, my photography skills gradually improved.

5. improved

- Base form: improve
- 한국어 뜻: 개선된
- 영영풀이: made or become better in quality or condition
- 예문: With dedication and practice, my photography skills improved, and now I enjoy my job as a professional photographer.

영어로 지시하는 프롬프트도 살펴보자. 후카츠식 프롬프트를 적용했다.

#Command
You are a professional ESL teacher teaching Korean students. Output the best result based on the constraints and input statements below.

#Constraints
- length:
- level: CEFR B1
- style: concise

- exclude: proper nouns
- use only base forms

#Input
Make a list of 20 most challenging words from the passage. Provide the Korean translation which best describes the meaning in the context in a table form.

- Passage:
Trash into Treasure[4)]

Good morning, everyone. Welcome to the Center for Environmental Management. I am Kim Jisu, head instructor at the center. Today, I'm going to introduce an interesting way of protecting the environment.

Look at this picture. Have you ever seen these arrow symbols? You've probably seen the one on the left on products or recycling bins. Yes, it means "recycle." But what about the symbol where the top arrow points upward? What does it mean? This is what I'm going to talk about today: upcycling. It is a new trend in recycling.

Let me show you some examples. These are pieces of broken dishes. What would you do with them? Would you throw them in the trash? After looking at the next picture, you may change your mind.

One of the broken pieces has been turned into a lovely item. Isn't it beautiful?

What do you think this bag is made of?
You wouldn't believe the fact that this nice bag is made of hundreds of ring pulls from empty cans. As you can see, upcycling can turn waste into

4) 출처: (High School) English, 김태영 외, 2018 (2과 본문)

something new and useful.

The goal of upcycling is the same as that of recycling: to reduce waste by reusing old materials. However, upcycling has a greater emphasis on creative and artistic reuse. Upcycled items can be sold on the market as new products. That's why many people say upcycling turns "trash into treasure."

Now we're going to listen to three people involved in upcycling in different ways.

Tom (manufacturer, Switzerland)
We upcycle old sheets used for covering trucks into tough, eye-catching wallets. Because the used sheets are usually thrown away, we can get them very cheap. But our products, with their unique patterns, are sold at high prices. I think creative upcycling ideas can lead to a profitable business.

Marie (artist, France)
I definitely love upcycling, and it has awesome potential. Unwanted everyday items can be transformed into artwork. Whenever I see old furniture or empty bottles, I am always inspired. The fact that I can give them a whole new life thrills me. I hope that my artwork will open people's eyes to a new kind of beauty.

Yujin (student, Korea)
Last year, I got a new school bag as a gift from my uncle. It was cool-looking and unique. When I heard it was made out of old air bags, I was quite surprised. This got me interested in upcycling and eventually led me to join an upcycling club at school. Through the club, I made some products and learned plenty of upcycling tips. When I gave a paper bead bracelet as a gift to my best friend, she loved it!

As you have heard, upcycling is widely acknowledged as a great new way to recycle waste.

Now it's time to wrap up. Through upcycling, you can create beautiful artwork, make money, and help protect the environment. Even if you can't make upcycled products yourself, you can still help out by using them. Upcycling is much easier than you think.

#Output

English Word	Korean Translation
protecting	보호하는
environment	환경
introduce	소개하다
interesting	흥미로운
arrow	화살표
symbol	기호
recycle	재활용하다
piece	조각
lovely	사랑스러운
item	물품
bag	가방
believe	믿다
fact	사실
ring	반지
pull	끌다
empty	빈
emphasize	강조하다
creative	창의적인
artistic	예술적인
market	시장

이 단어 리스트 중 학생들 수준에 비해 쉬운 단어가 있다면 그 단어를 제외하고 다시 리스트를 만들 수 있다.

Remove introduce, lovely, item, bag from the list.

English Word	Korean Translation
protecting	보호하는
environment	환경
interesting	흥미로운
arrow	화살표
symbol	기호
recycle	재활용하다
piece	조각
believe	믿다
fact	사실
ring	반지
pull	끌다
empty	빈
emphasize	강조하다
creative	창의적인
artistic	예술적인
market	시장

이렇게 단어를 정리한 후 간단한 프롬프트를 활용하여 유의어나 반의어도 쉽게 리스트로 만들 수 있다.

Provide synonyms or antonyms for the words in the table.

English Word	Korean Translation	Synonyms	Antonyms
protecting	보호하는	safeguarding	endangering
environment	환경	surroundings	development
interesting	흥미로운	engaging	boring
arrow	화살표	pointer	target
symbol	기호	sign	reality
recycle	재활용하다	reutilize	waste
piece	조각	fragment	whole
believe	믿다	trust	doubt
fact	사실	reality	fiction
ring	반지	band	necklace
pull	끌다	tug	push
empty	빈	vacant	full
emphasize	강조하다	highlight	de-emphasize
creative	창의적인	imaginative	unoriginal
artistic	예술적인	aesthetic	uninspired
market	시장	marketplace	consumer

접두사, 접미사가 동일한 단어를 리스트로 만들려고 할 때도, 아래 프롬프트를 활용하면 일일이 찾아볼 필요가 없어진다. 접두사는 prefix, 접미사는 suffix라고 입력하면 된다.

Provide a list of words that share the same prefix as in 'extraordinary'.
Provide their Korean meanings as well.
Provide one example sentence for each word and its Korean translation.
Use only CEFR B1 level words.

Extracurricular (외교적인)
Sentence: She participates in various extracurricular activities such as drama club and debate team.
(그녀는 드라마 동아리와 토론팀과 같은 다양한 외교적 활동에 참여합니다.)

Extraordinary (비범한)
Sentence: The magician performed an extraordinary trick that left the audience speechless.
(마술사가 비범한 트릭을 선보여 관객들을 말끔히 멍하게 만들었다.)

Extraterrestrial (지구 외의)
Sentence: Scientists are constantly searching for evidence of extraterrestrial life in the universe.
(과학자들은 우주에서의 지구 외 생명체 존재에 대한 증거를 지속적으로 찾고 있습니다.)

구동사도 한 번에 목록을 만들어 준다. 그런데 거의 비슷한 프롬프트를 줬음에도 불구하고 위 프롬프트의 결과물과 양식이 미세하게 달라진다. 항상 창의적이고 유연한 응답을 생성하려고 하는 것이 생성형 AI의 특징이기 때문이다.

Create a list of 5 most frequently used phrasal verb expressions of 'go'.
Provide their Korean meanings as well.
Provide one example sentence for each word and its Korean translation.
Use only CEFR B1 level words.

Go on (계속하다, 진행되다)
Example: She didn't want to talk about it, so I decided to go on with the meeting.
Korean: 그녀는 그것에 대해 이야기하고 싶지 않았으므로 나는 회의를 계속하기로 결정했다.

Go off (터지다, 폭발하다)
Example: The fire alarm went off suddenly, causing panic among the students.
Korean: 화재 경보가 갑자기 울리자, 학생들 사이에 패닉이 일어났다.

Go out (나가다, 외출하다)
Example: Let's go out for dinner tonight; I don't feel like cooking.
Korean: 오늘 저녁에 외식하러 나가자; 요리하기 싫어.

Go through (경험하다, 겪다)
Example: Sarah went through a difficult time after losing her job.
Korean: 사라는 일자리를 잃은 후에 힘든 시간을 겪었다.

Go back (돌아가다, 되돌아가다)
Example: I need to go back to the store; I forgot to buy milk.
Korean: 가게로 돌아가야 해; 우유 사는 걸 잊었어.

콜로케이션(collocation)도 시도해 보자. 간편하게 뚝딱 만들어 준다.

Create a list of 5 most frequently used collocations of 'go'.
Provide their Korean meanings as well.
Provide one example sentence for each word and its Korean translation.
Use only CEFR B1 level words.

Sure, here are five frequently used collocations with 'go', their Korean meanings, and example sentences with translations:

1. Go shopping
 · Meaning: 쇼핑하러 가다
 · Example Sentence: Let's go shopping this weekend.
 · Translation: 이번 주말에 쇼핑하러 가자.

2. Go home
 · Meaning: 집에 가다
 · Example Sentence: I usually go home at 6 PM.
 · Translation: 나는 보통 오후 6시에 집에 간다.

3. Go for a walk
 · Meaning: 산책하러 가다
 · Example Sentence: They like to go for a walk in the evening.
 · Translation: 그들은 저녁에 산책하러 가는 것을 좋아합니다.

4. Go to bed
 · Meaning: 잠자리에 들다
 · Example Sentence: I usually go to bed at 10 PM.
 · Translation: 나는 보통 밤 10시에 잠자리에 든다.

5. Go on a trip
 · Meaning: 여행을 가다
 · Example Sentence: We plan to go on a trip next month.

· Translation: 우리는 다음 달에 여행을 갈 계획입니다.

These collocations are frequently used and are appropriate for learners at the B1 level.

특정 지문에 있는 단어들의 동반의어 목록도 금방 생성해 준다. 지금까지는 네이버 사전이나 유의어 사전(Thesaurus)을 열심히 찾아야 했지만, 챗GPT가 수고로움을 매우 많이 덜어 준다. 원하는 지문과 함께 아래 프롬프트를 입력해 보자.

Act as if you are an English teacher.
I need a list of 15 important words in the passage above.
I need two synonyms and the korean meanings of each synonym.
In addition, if the words have antonyms, suggest two antonyms with the Korean meanings.

Also, make all the words start with a lower case
You must follow this example style:
extraordinary 이례적인, 비범한
유) exceptional 예외적인, remarkable 주목할 만한
반) ordinary 보통의, typical 전형적인

---

important 중요한
유) significant 중요한, 의미 있는
반) trivial 사소한, 하찮은

words 단어들
유) vocabulary 어휘, 용어
반) silence 침묵, 고요

passage 통과, 길
유) excerpt 발췌, 인용
반) blockage 막다, 장애물

above 위의, 상기의
유) overhead 머리 위의, 상부의
반) below 아래의, 하단의

synonyms 동의어, 유의어
유) equivalents 동등물, 동치
반) opposites 반대의, 대립하는

korean 한국어, 조선말
유) hangul 한글, 조선글자
반) english 영어, 영국의

프롬프트 마지막에 제시한 예시 스타일을 정확하게 따르지만은 않는다. 특히 동반의어를 너무 적게 찾아줄 때가 있는데, 그럴 때는 아래처럼 지시하면 된다.

The list is good. Add more synonyms and antonyms to it.

2. 유사한 단어 차이점 찾기

어떤 영단어들은 비슷한 한국어 뜻을 가졌지만, 비언어민으로서는 알기 힘든 뉘앙스 차이가 있기도 하다. 이런 경우 사전을 봐도 그 차이를 파악하기 어려운 경우가 있는데 챗GPT를 통해 매우 자세한 도움을 받을 수 있다.

Can you explain the meaning difference between the words 'see' and 'look'?

Certainly! "See" and "look" are both related to vision, but they have distinct meanings and are used in different contexts:

1. See:

- "See" refers to the ability to perceive with the eyes or to become aware of something through visual observation.
- It can imply passive perception or the simple act of having something within one's field of vision.

- "See" is often used to describe the physical act of seeing without necessarily implying intentional effort.
- Example: "I see a bird flying in the sky."

2. Look:
- "Look" involves directing one's gaze intentionally towards a particular object or in a specific direction.
- It implies an active effort to visually examine or focus on something.
- "Look" often suggests a deliberate act of observation or scrutiny.
- Example: "Please look at this photograph carefully and tell me what you notice."

In summary, "see" refers to the general ability to perceive with the eyes, whereas "look" refers to the intentional act of directing one's gaze towards something for the purpose of observation or examination.

Can you explain the meaning difference between the words 'valuable' and 'priceless'?

Certainly! "Valuable" and "priceless" are both adjectives used to describe the worth or importance of something, but they convey different nuances:

1. Valuable:
- "Valuable" refers to something that has significant worth, usually in terms of monetary value or usefulness.
- It indicates that the item or attribute is highly esteemed, prized, or considered important, often because it can be exchanged or sold for

a considerable sum.

- "Valuable" items may be treasured or sought after due to their rarity, quality, or utility.
- Example: "The antique jewelry was valuable due to its historical significance and craftsmanship."

2. Priceless:

- "Priceless" refers to something that is so valuable or precious that its worth cannot be accurately measured or expressed in terms of monetary value.
- It suggests that the item or attribute is beyond valuation and holds immense sentimental, emotional, or intrinsic value.
- "Priceless" items are often irreplaceable and may hold deep personal or cultural significance.
- Example: "The family heirloom passed down through generations was priceless to the family, as it held memories and traditions that could never be replaced."

In summary, while both "valuable" and "priceless" describe something of great worth, "valuable" typically denotes measurable or quantifiable value, while "priceless" emphasizes the immeasurable, irreplaceable, or incomparable nature of something's value.

비슷한 뜻을 가진 A라는 단어와 B라는 단어가 어떠한 차이점이 있는지 학생들이 종종 물어볼 때가 있다. 챗GPT는 각 단어가 어떤 의미를 가지고 있고 어떠한 상황에서 쓰이는지 알려줄 뿐만 아니라 예문까지 제시해 준다. 이를 통해 비언어민으로서 파악하기 힘든 뉘앙스의 차이를 교사가 설명해 줄 수도 있고, 학생이 스스로 찾아보게 할 수도 있다.

2. 문법 수업 준비하기

1. 문법 설명하기

챗GPT는 한국어에 없어서 학생들이 이해하기 어려워하는 문법 개념을 알기 쉽게 설명해 준다. 이 역시 교사가 문법을 설명할 때 도움을 받을 수도 있고, 학생이 프롬프트를 입력해서 스스로 공부하게 할 수도 있다.

영어 현재완료와 과거시제의 차이점을 중학생들이 이해하기 쉽도록 알려줘.

물론이죠! 중학생들이 이해하기 쉽게 현재완료와 과거시제의 차이점을 설명하겠습니다.

\---

과거시제 (Past Simple):
이것은 과거에 일어난 특정한 사건이나 활동을 설명할 때 사용합니다. 그것은 이미 끝났고, 더 이상 현재와 직접적인 관련이 없습니다.

예시:
- "I **watched** a movie yesterday." (나는 어제 영화를 봤어.)
- "She **visited** her grandma last summer." (그녀는 지난 여름에 할머니를 방문했어.)

현재완료 (Present Perfect):
이것은 과거에 시작하여 현재까지 계속되거나 현재의 상황이나 감정에 영향을 주는 사건이나 활동을 설명할 때 사용합니다.

예시:
- "I **have watched** that movie." (나는 그 영화를 봤어.) - 언제 봤는지는 중요하지 않고, 경험에 중점을 둡니다.
- "She **has visited** Paris several times." (그녀는 파리를 여러 번 방문했어.) - 방

1장
2장
3장
4장
5장
2장. 챗GPT로 수업 자료 만들기

문한 횟수는 말하고 있지만, 정확한 시간은 말하지 않습니다.

간단한 비유로 설명하면:
과거시제는 오래된 사진첩에서 발견한 사진처럼 과거의 특정한 순간을 나타냅니다. 반면에 현재완료는 현재의 기억이나 경험에 영향을 주는 과거의 사건이나 활동, 예를 들면 '내가 지금까지 봤던 영화들'과 같은 것을 나타냅니다.

이해를 돕기 위한 예:
- 과거시제: "나는 2019년에 디즈니랜드에 갔어." (특정한 시간에 갔던 것)
- 현재완료: "나는 디즈니랜드에 갔어." (언제 갔는지는 말하지 않지만, 경험에 중점을 둠)

이런 식으로 중학생들에게 설명하면, 그들이 두 시제의 차이점을 이해하는 데 도움이 될 것입니다!

'중학생이 이해하기 쉽도록'이라는 조건을 제시하였더니 학생들과 밀접한 예문을 사용하여 쉽게 설명해 준다. 설명, 예시, 차이점, 비유, 대조되는 예문을 모두 한 번에 제공해 주는 점도 인상적이다.

2. 예문 만들기

문법 수업을 준비할 때 적절한 예문을 찾는 일은 가장 번거로운 작업 중 하나다. 하지만 챗GPT를 사용하면 학생들 수준에 적합한 예문을 손쉽게 만들어 낼 수 있다. 지금까지는 다른 책에서 예문을 하나하나 옮겨 적거나 열심히 검색을 해야 했지만, 이제는 그럴 필요가 없다. 저작권 걱정 없이 쉽게 복사 - 붙여넣기를 할 수 있다는 것도 장점이다.

현재완료를 활용한 영어 예문을 알려줘.

현재완료는 'have' 또는 'has' 뒤에 과거분사를 더하여 사용하며, 일어난 일이 현재에 어떤 영향을 미치는지 나타냅니다. 다음은 현재완료를 사용한 몇 가지 영어 예문입니다:

1. I have lived in New York for three years. (나는 3년 동안 뉴욕에 살았다.)
2. She has finished her homework. (그녀는 숙제를 끝냈다.)
3. We have visited the museum several times. (우리는 여러 번 박물관을 방문했다.)
4. They have eaten all the food. (그들은 모든 음식을 먹었다.)
5. He has written a new book. (그는 새로운 책을 썼다.)

이와 같이 현재완료는 일어난 행동이 현재 시점에 어떤 영향을 미치는지 또는 특정 시간 동안 어떤 일이 일어났는지를 설명하는 데 주로 사용됩니다.

다음과 같이 영어로 좀 더 정교하게 예문을 요청할 수도 있다.

#Command
You are a professional ESL teacher teaching Korean students. Output the best result based on the constraints and input statements below.

#Constraints
- sentence length: less than 30 words
- sentence content: should be relevant to the life of the students
- level: CEFR A2

#Input
Create a list of 20 sentences which uses present perfect to express past experiences

#Output

Sure, here are 20 sentences using the present perfect tense to express past experiences, tailored to the life of Korean students at a CEFR A2 level:

1. I have visited Seoul Tower.
2. They have eaten kimchi before.
3. She has watched K-dramas.
4. He has played traditional Korean games.
5. We have celebrated Chuseok.
6. My family has visited Gyeongbokgung Palace.
7. You have tried bibimbap.
8. They have sung K-pop songs.
9. I have learned to write Hangul.
10. She has visited a hanbok rental shop.
11. We have seen cherry blossoms in spring.
12. He has visited Busan.
13. My friends have tried tteokbokki.
14. You have seen a Taekwondo demonstration.
15. They have attended a Korean language class.
16. I have experienced the Han River cruise.
17. She has visited a traditional market.
18. We have tasted makgeolli.
19. He has watched a Nanta show.
20. My family has explored Bukchon Hanok Village.

These sentences should help your students practice using the present perfect tense to talk about their past experiences in a way that is relevant to their lives.

챗GPT는 문법 개념을 잘못 활용한 예문도 알려주기 때문에 이러한 문장을 학생들에게 제시한 후 이를 올바르게 고치게 하는 활동도 할 수 있다.

현재완료 진행형을 잘못 사용한 영어 예문을 알려줘

아래는 현재완료 진행형을 잘못 사용한 몇 가지 영어 예문입니다:

1. I have been studying English yesterday. (x) - I studied English yesterday. (o)
   (나는 어제 영어를 공부했습니다.)

2. She has been working at the company for five years ago. (x)
   - She has worked at the company for five years. (o)
   (그녀는 5년 동안 그 회사에서 일했습니다.)

3. We have been waiting for the bus since an hour. (x)
   - We have been waiting for the bus for an hour. (o)
   (우리는 1시간 동안 버스를 기다리고 있습니다.)

4. They have been living in New York last summer. (x)
   - They lived in New York last summer. (o)
   (그들은 지난 여름 뉴욕에 살았습니다.)

5. He has been playing the piano since he is a child. (x)
   - He has been playing the piano since he was a child. (o)
   (그는 어릴 적부터 피아노를 연주하고 있습니다.)

이 예문들에서는 현재완료 진행형이 잘못 사용되었습니다. 현재완료 진행형은 현재까지 계속되고 있는 행동이나 상태를 나타내는데 사용되므로, 과거에 한정된 행동이나 시점에 맞지 않는 표현에는 사용되지 않아야 합니다.

다음과 같이 후카츠식으로 좀 더 정교하게 요청할 수도 있다.

#Command
You are a professional ESL teacher teaching Korean students. Output the best result based on the constraints and input statements below.

#Constraints
- sentence length: less than 30 words
- sentence content: should be relevant to the life of the students
- level: CEFR A2

#Input
Create a list of 20 sentences which includes common mistakes when using present perfect. Provide a correct sentence for each.

#Output

Certainly! Here are 20 sentences that include common mistakes when using the present perfect tense, along with corrected versions:

Mistake: "I have gone to Seoul last week."
Correction: "I went to Seoul last week."

Mistake: "She has eaten lunch yet."
Correction: "She hasn't eaten lunch yet."

Mistake: "They have studied English since two years."
Correction: "They have studied English for two years."

Mistake: "He has visited Japan in 2019."
Correction: "He visited Japan in 2019."

Mistake: "I have met him yesterday."
Correction: "I met him yesterday."

Mistake: "She has been in this school since five years."
Correction: "She has been in this school for five years."

Mistake: "We have traveled to Paris already."
Correction: "We have already traveled to Paris."

Mistake: "They have lived here for ten years ago."
Correction: "They have lived here for ten years."

Mistake: "I have finished my homework just now."
Correction: "I just finished my homework."

Mistake: "He has gone to the store now."
Correction: "He has gone to the store."

Mistake: "She has visited London before two months."
Correction: "She visited London two months ago."

Mistake: "We have known each other since a long time."
Correction: "We have known each other for a long time."

Mistake: "They have worked at the company since three years."
Correction: "They have worked at the company for three years."

Mistake: "I have bought a new car in last week."
Correction: "I bought a new car last week."

Mistake: "She has played the piano for her childhood."
Correction: "She has played the piano since her childhood."

Mistake: "He has been to China last year."
Correction: "He went to China last year."

Mistake: "I have seen that movie already."
Correction: "I've already seen that movie."

Mistake: "They have been married since 20 years."
Correction: "They have been married for 20 years."

Mistake: "She has never went to the beach."
Correction: "She has never been to the beach."

Mistake: "I have lost my keys yesterday."
Correction: "I lost my keys yesterday."

These sentences should help your CEFR A2 level Korean students understand and correct common mistakes when using the present perfect tense in English.

3. 문법 검토하기

학생에게 수업 시간에 학습한 문법을 활용하여 문장을 만들게 한 후, 챗GPT에 그 문장이 문법적으로 옳은지 판단하게 할 수도 있다. 다만 챗GPT는 정확하지 않은 경우가 종종 있기 때문에 챗GPT의 답변을 무조건적으로 신뢰하기보다는 참고용으로만 활용하는 편이 바람직하다.

"Is it the table what you buy?" 이 문장이 문법적으로 올바른 문장인지 알려줘.

"Is it the table what you buy?"라는 문장은 문법적으로 올바르지 않습니다.

여기서 "what" 대신 "that"나 "which"를 사용해야 합니다. 따라서 올바른 문장은 다음과 같이 됩니다:

1. "Is it the table that you bought?"
2. "Is it the table which you bought?"

이렇게 수정하면 문장이 문법적으로 올바르게 됩니다.

4. 문법 형성평가 문제 만들기

문법에 대한 개념을 학습한 후 해당 문법과 관련된 형성평가 문제를 출제할 수도 있다. 문제 유형은 빈칸 문제, 객관식, 주관식 등 원하는 형태로 가능하다. 여기서는 수업에 활용할 수 있는 간단한 문제만 다뤄보고, 시험에 출제할 문제는 '4장 - 챗GPT로 시험 문제 쉽게 출제하기'를 참조하면 된다.

영어 주격 관계대명사 빈칸 문제를 다섯 개 만들어 줘.

물론입니다! 영어의 주격 관계대명사는 'who'입니다. 여기 빈칸 문제를 만들었습니다:

1. The man ______ lives next door is a doctor.
2. The girl ______ sings that song is very talented.
3. The athletes ______ trained so hard and won the competition.
4. The woman ______ teaches us English is from Canada.
5. The boy ______ sits in front of me is always quiet.

빈칸에 들어갈 단어는 'who'입니다.

프롬프트를 상세하게 제시하지 않을 경우 원하는 형식의 대답을 얻기에 어렵기 때문에 다음과 같이 답안의 종류를 지정하고 문제 풀이를 제시하도록 구체적인 프롬프트를 제시해야 한다.

중학생을 대상으로 한 주격 관계대명사 빈칸 문제를 다섯 개 만들어 줘. 주격 관계대명사 who, which, that이 골고루 답이 되도록 문제를 만들어 줘. 각 문장 뒤에 정답을 써 주고 문제 풀이도 해 줘.

물론입니다! 주격 관계대명사 'who', 'which', 'that'을 활용한 빈칸 문제를 만들겠습니다.

1. The woman ______ called me is my aunt.
2. The cat ______ sits on the window sill every morning is very cute.
3. The movie ______ I watched yesterday was amazing.
4. The teacher ______ teaches English is from Canada.
5. The flowers ______ bloom in spring are my favorite.

정답:

1. who
2. which
3. that
4. who
5. that

문제 풀이:

- 'who'는 사람을 나타내는 주격 관계대명사입니다. 따라서 1번과 4번 문제에서는 'who'를 사용해야 합니다.
- 'which'는 사물이나 동물을 나타내는 주격 관계대명사입니다. 따라서 2번 문제에서는 'which'를 사용해야 합니다.
- 'that'은 사람, 동물, 사물 모두를 나타낼 수 있는 주격 관계대명사입니다. 따라서 3번과 5번 문제에서는 'that'을 사용해야 합니다.

간략한 프롬프트를 제시했을 때는 which가 답인 문제는 없었지만 구체적으로 who, which, that이 골고루 답이 될 수 있다는 프롬프트를 제시하니 원하는 형태의 문제를 만들어 주었다. 또한, 문제 풀이도 상세하게 제시하고 있기 때문에 학생들이 교사의 설명 없이도 쉽게 이해할 수 있다.

다음은 주격 관계대명사 연습 문제를 만들어 달라고 후카츠식으로 요청한 결과이다. 다만, 주격 관계대명사가 아닌 목적격 관계대명사도 포함이 되는 경우도 있으니 반드시 검토하도록 하자. 실제로 아래 실제 결과에서도 2, 5, 7번 등 목적격으로 쓰인 예문이 나온 게 많다.

#Command
You are a professional ESL teacher teaching Korean students. Output the best result based on the constraints and input statements below.

#Constraints
- sentence length: less than 30 words
- sentence content: should be relevant to the life of the students
- level: CEFR A2

#Input
Create a list of 20 fill-in-blank sentences providing practice in using proper relative pronouns as subjects. Provide answers.

#Output

Certainly! Here's a list of 20 fill-in-the-blank sentences designed to help Korean students practice using proper relative pronouns as subjects at a CEFR A2 level. I've also provided the answers for each sentence.

1. The girl ___________ is wearing a red dress is my sister.
   Answer: who

2. The book ___________ I borrowed from the library is very interesting.
   Answer: that

3. The man ___________ is sitting next to me is my teacher.
   Answer: who

4. The car ___________ is parked in front of the house is blue.
   Answer: that

5. The movie ___________ we watched last night was fantastic.
   Answer: that

6. The dog ___________ barks loudly is very friendly.
   Answer: that

7. The school ___________ I go to is quite big.
   Answer: that

8. The restaurant ___________ serves delicious pizza is our favorite.
   Answer: that

9. The cat ___________ lives in my neighborhood is very cute.
   Answer: that

10. The computer ___________ I use for work is old but reliable.
    Answer: that

11. The flowers ___________ are in the vase smell wonderful.
    Answer: that

12. The boy ___________ helped me with my homework is my friend.
    Answer: who

13. The beach ___________ we went to last summer was beautiful.
    Answer: that

14. The movie theater ___________ is near our house has the latest films.
    Answer: that

15. The cookies ___________ my mom bakes are delicious.
    Answer: that

16. The park ___________ we go for picnics is lovely.
    Answer: that

17. The magazine ___________ I read had interesting articles.
    Answer: that

18. The teacher ___________ teaches English is from the United States.
    Answer: who

19. The bicycle ___________ I ride to school is red.
    Answer: that

20. The friends ___________ I play soccer with are very talented.
    Answer: who

Feel free to use these sentences in your lessons to help your Korean students practice using relative pronouns as subjects.

다음과 같이 문법 개념에 관한 객관식 문제도 만들 수 있다. 객관식 5개 문제, 5개의 보기라는 원하는 조건을 프롬프트에 입력하면 그에 맞는 문제가 생성된다.

영어 현재완료와 과거시제에 대한 객관식 문제 5개 만들어 줘. 각 문제는 5개의 보기를 가지도록 만들고 답도 알려 줘.

알겠습니다. 현재완료와 과거시제에 대한 영어 객관식 문제를 제작하겠습니다.

1. Which sentence is in the past simple tense?
   A) I have visited Paris three times.
   B) He has just finished his homework.
   C) They ate pizza last night.
   D) She has never been to New York.
   E) We have seen that movie before.

Answer: C

2. Which sentence is in the present perfect tense?
   A) He went to the store.
   B) She danced at the party yesterday.
   C) They have traveled to Japan twice.
   D) I played soccer last weekend.
   E) You watched the game on TV.

Answer: C

3. Which sentence indicates an action that happened in the past and does NOT continue to the present?
   A) She has lived here since 2010.
   B) I have always loved chocolate.

C) They have known each other for years.
D) He read that book two months ago.
E) We have always preferred tea over coffee.

Answer: D

4. Which sentence indicates an action that has a connection to the present?
A) She visited her grandmother last week.
B) They watched the entire series.
C) I have lost my keys.
D) He played the guitar at the concert.
E) We went to the beach during our vacation.

Answer: C

5. Which sentence uses the present perfect tense to describe an experience at an unspecified time in the past?
A) I had a great time at the party yesterday.
B) She has been to Australia.
C) They traveled to Europe in 2015.
D) He watched the latest episode.
E) We visited the museum on Monday.

Answer: B

챗GPT의 답안에 대한 피드백을 주면 그에 맞게 답변을 수정해 준다. 위의 결과물에 대해 더 필요한 내용이 있어서 다음과 같이 프롬프트를 제시하니 답에 대한 풀이를 추가로 제공받을 수 있었다.

방금 문제에 대한 풀이를 추가해 줘.

물론이죠. 각 문제의 정답에 대한 간략한 풀이를 추가하겠습니다.

1. Which sentence is in the past simple tense?
정답: **C) They ate pizza last night.**

풀이: 과거시제는 특정한 과거의 시간에 일어난 행동을 나타냅니다. "last night"라는 구문은 특정한 과거의 시간을 나타내기 때문에 C가 정답입니다.

2. Which sentence is in the present perfect tense?
정답: **C) They have traveled to Japan twice.**

풀이: 현재완료는 과거의 어떤 행동이 현재까지의 영향이나 결과를 갖는 경우에 사용됩니다. "have traveled"는 현재완료의 형태이며, 특정 시간을 명시하지 않은 'twice'는 현재까지 일어난 행동의 횟수를 나타냅니다.

3. Which sentence indicates an action that happened in the past and does NOT continue to the present?
정답: **D) He read that book two months ago.**

풀이: "two months ago"는 과거의 특정 시간을 나타내므로 그 시간에 일어난 행동이 현재와는 연결되지 않았음을 알 수 있습니다.

4. Which sentence indicates an action that has a connection to the

present?
정답: **C) I have lost my keys.**

풀이: "have lost"는 현재완료의 형태로, 키를 잃어버린 행동이 현재에도 영향을 미치고 있음(즉 키를 여전히 찾고 있음)을 나타냅니다.

5. Which sentence uses the present perfect tense to describe an experience at an unspecified time in the past?
정답: **B) She has been to Australia.**

풀이: "has been"은 현재완료의 형태이며, "to Australia"는 그녀가 언젠가 호주를 방문했음을 나타냅니다. 그러나 정확한 방문 시기는 명시되지 않았으므로 과거의 특정하지 않은 시간에 일어난 경험을 나타냅니다.

다음과 같이 후카츠식 프롬프트로 가정법 과거에 대한 객관식 문제를 만들 수도 있다.

#명령서
당신은 ESL 한국인 중학생을 가르치는 영어 교사입니다.
아래의 제약 조건과 입력문을 바탕으로 최상의 결과를 출력하세요.

#제약 조건
문장 길이: 각 문장은 15단어 미만
문장 내용: 학생들의 삶과 관련된 내용
레벨: CEFR A2

#입력문
영어 가정법 과거에 대한 객관식 문제를 다섯 개 만들어 줘.
각 문제는 5개의 보기를 가지도록 만들고 답과 풀이도 알려 줘.

#출력문

문제 1:

If you __(1)__ a billionaire, __(2)__ you __(3)__ a private jet?

a) were / would / would have

b) are / will / have

c) was / would / had

d) are / would / had

e) were / will / have

정답: a) were / would / would have

풀이: 영어 가정법 과거는 현재 상황이 사실이 아닌 가상의 상황을 의미합니다. "If you were a billionaire"는 현재 사실이 아니지만 가정하는 상황을 나타내며, 뒤이어 오는 부분은 그 가정에 따른 결과를 나타냅니다.

문제 2:

If she __(1)__ to the party, __(2)__ she __(3)__ a great time?

a) goes / will / had

b) went / would / have

c) go / would / has

d) go / will / had

e) went / would / had

정답: b) went / would / have

풀이: "If she went to the party"는 가상의 상황을 나타내며, 이에 따른 결과를 표현하는데, 가정법 과거를 사용합니다.

문제 3:

If we __(1)__ the lottery, __(2)__ we __(3)__ a big house?

a) win / would / will have

b) won / would / have

c) win / will / have

d) wins / would / had

e) won / will / had

정답: b) won / would / have
풀이: 가정법 과거를 사용하여 가상의 상황을 나타냅니다. "If we won the lottery"는 현재 사실이 아니지만 가정하는 상황을 나타냅니다.

문제 4:
If they __(1)__ a time machine, __(2)__ they __(3)__ to the future or the past?
a) had / would / go
b) have / will / goes
c) has / would / will go
d) had / will / goes
e) have / would / go

정답: a) had / would / go
풀이: "If they had a time machine"은 현재 사실이 아닌 가정하는 상황을 나타내며, 가정법 과거를 사용하여 그에 따른 결과를 나타냅니다.

문제 5:
If I __(1)__ a bird, __(2)__ I __(3)__ to fly?
a) am / will / have
b) were / would / have
c) are / would / has
d) was / will / have
e) were / will / had

정답: e) were / would / had
풀이: "If I were a bird"는 현재 사실이 아니지만 가정하는 상황을 나타내며, 가정법 과거를 사용하여 그에 따른 결과를 표현합니다.

5. 목록을 만들고 퀴즈로 변환하기(불규칙 동사)

챗GPT는 무언가 목록을 만들고 싶을 때 상당히 편리하다. 영어 수업을 준비할 때도 수업 내용을 목록으로 만들어 정리해 줘야 하는 경우가 종종 있는데, 여기서는 불규칙 동사를 목록으로 만들고 퀴즈로 변환하는 과정을 담아 보았다. 과거시제, 수동태, 현재완료, 과거완료 등 다양한 문법 수업을 준비할 때 챗GPT를 활용해 보자.

영어에서 see-saw-seen와 같은 불규칙 동사 10개 알려 줘. 뜻도 같이 알려 줘.

알겠습니다. 불규칙 동사와 그 뜻을 함께 제시하겠습니다.

begin - began - begun

- 시작하다

go - went - gone

- 가다

swim - swam - swum

- 수영하다

drink - drank - drunk

- 마시다

drive - drove - driven

- 운전하다

write - wrote - written

- 쓰다

sing - sang - sung

- 노래하다

fly - flew - flown
- 날다

break - broke - broken
- 깨다, 부수다

speak - spoke - spoken
- 말하다

각각의 동사는 기본형(base form), 과거형(past tense), 과거분사(past participle) 순으로 제시되었습니다.

적절한 프롬프트를 제시하면 불규칙 동사 리스트를 표로 생성할 수 있다.

영어에서 see - saw - seen와 같은 불규칙 동사 20개 알려 줘. 뜻도 같이 알려 주고 표로 정리해 줘.

아래는 영어에서의 20가지 불규칙 동사와 그 뜻을 함께 정리한 표입니다:

원형(Base Form)	과거형(Past Simple)	과거분사형(Past Participle)	뜻(Meaning)
be	was / were	been	~이다
become	became	become	~이 되다
begin	began	begun	시작하다
break	broke	broken	부수다
bring	brought	brought	가져오다
buy	bought	bought	사다
choose	chose	chosen	선택하다
come	came	come	오다
do	did	done	하다
drink	drank	drunk	마시다

drive	drove	driven	운전하다
eat	ate	eaten	먹다
fall	fell	fallen	떨어지다
feel	felt	felt	느끼다
find	found	found	찾다
get	got	got / gotten	얻다, 받다
give	gave	given	주다
go	went	gone	가다
have	had	had	가지다, 있다
hear	heard	heard	듣다

이 표를 사용하여 영어의 주요 불규칙 동사를 공부하실 수 있습니다.

가독성을 높이기 위해 각 단어 앞에 번호를 매기도록 수정해 보자.

각 단어 앞에 순서대로 번호를 매겨 줘.

아래에 영어의 불규칙 동사 20개를 나열하고, 각 동사의 원형, 과거형, 과거분사형, 뜻을 함께 표로 정리하였습니다.

번호	원형	과거형	과거분사형	뜻
1	arise	arose	arisen	일어나다, 발생하다
2	awake	awoke	awoken	깨다, 일어나다
3	be	was / were	been	(임시) 있다, 되다
4	bear	bore	borne / born	견디다, 생기다
5	beat	beat	beaten	두드리다, 이기다
6	become	became	become	되다, ~이 되다
7	begin	began	begun	시작하다
8	bend	bent	bent	구부리다, 굽히다
9	bet	bet	bet	내기하다, 건내다
10	bind	bound	bound	묶다, 결속시키다
11	bite	bit	bitten	물다

12	bleed	bled	bled	피를 흘리다
13	blow	blew	blown	불다, 강타하다
14	break	broke	broken	깨다, 부수다
15	breed	bred	bred	번식하다, 사육하다
16	bring	brought	brought	가져오다, 초래하다
17	build	built	built	짓다, 건설하다
18	burn	burned/burnt	burned/burnt	태우다, 불태우다
19	burst	burst	burst	터지다, 분출하다
20	buy	bought	bought	사다, 구매하다

위 표는 영어의 일반적인 불규칙 동사 20개를 나열한 것입니다. 이 동사들은 규칙적인 과거형과 과거분사형이 없기 때문에 외울 때 주의가 필요합니다.

이번에는 챗GPT가 만들어 준 표를 활용하여 불규칙동사 시험을 볼 수 있도록 과거형과 과거분사형의 일부에 빈칸을 추가해 보자. 물론 과거형과 과거분사형 전체를 밑줄로 바꿀 수도 있으니 원하는 형식으로 응용해 보자.

빈칸 문제로 수정하려고 해. 과거형과 과거분사형 일부를 밑줄로 바꿔 줘.

아래에 영어의 불규칙 동사 20개를 나열하고, 각 동사의 원형, 과거형, 과거분사형, 뜻을 함께 표로 정리하였습니다. 과거형과 과거분사형 일부는 빈칸으로 남겨 두었습니다.

번호	원형	과거형	과거분사형	뜻
1	arise	__________	__________	일어나다, 발생하다
2	awake	__________	__________	깨다, 일어나다
3	be	was / were	__________	(임시) 있다, 되다
4	bear	__________	borne / born	견디다, 생기다
5	beat	__________	beaten	두드리다, 이기다
6	become	__________	become	되다, ~이 되다
7	begin	__________	begun	시작하다

8	bend	__________	bent	구부리다, 굽히다
9	bet	__________	bet	내기하다, 건내다
10	bind	bound	__________	묶다, 결속시키다
11	bite	__________	bitten	물다
12	bleed	__________	__________	피를 흘리다
13	blow	__________	blown	불다, 강타하다
14	break	broke	__________	깨다, 부수다
15	breed	__________	__________	번식하다, 사육하다
16	bring	__________	__________	가져오다, 초래하다
17	build	built	__________	짓다, 건설하다
18	burn	__________	__________	태우다, 불태우다
19	burst	__________	burst	터지다, 분출하다
20	buy	bought	__________	사다, 구매하다

위 표는 영어의 일반적인 불규칙 동사 20개를 나열한 것입니다. 이 동사들은 규칙적인 과거형과 과거분사형이 없기 때문에 외울 때 주의가 필요합니다.

3. 읽기 수업 준비하기

1. 핵심 내용 파악 문제 만들기

읽기 수업은 학생이 한 지문을 최소 두 번 읽도록 하는 것이 기본 구조다. 처음 읽을 때는 핵심 내용 파악하기(reading for gist)를 과제로 제시하며, 두 번째로 읽을 때는 세부 내용 파악하기(reading for detail)를 과제로 제시한다. 이 점을 고려하여 외국의 ESL 책, 이른바 코스북에는 두 가지 과제를 모두 제시하는 것이 일반적이다. 그런데 우리나라 영어 교과서에는 전자인 'reading for gist'에 대한 과제가 누락되어 있거나 암시적으로 제시되어 있는 경우가 대부분이다. 따라서 챗GPT를 활용하여 이 과제를 만들어서 제시할 필요가 있다. 다만, 이 역시 시험에 출제할 문제는 '4장 - 챗GPT로 시험 문제 쉽게 출제하기'를 참조하면 된다.

당연하지만 'reading for gist'는 'reading for detail'과 달리, 빠르게 대충 읽고도 답할 수 있는 질문이어야 한다. 이 점을 고려해서 프롬프트를 제시하면 아래와 같다.

```
#Command
You are a professional ESL teacher teaching Korean students. Output the
best result based on the constraints and input statements below.

#Constraints
- length: brief
- level: CEFR A2
- style: concise, friendly
- Exclude comprehension questions

#Input
Make a reading-for-gist task for the passage. Provide the answer too.
```

- Passage: (지문 내용)
Reading-for-Gist Task:
Read the passage and answer the following question: What is upcycling, and how does it differ from traditional recycling?

Answer:
Upcycling is a creative and artistic way of reusing old materials to turn them into new and useful items. It differs from traditional recycling as it focuses on giving old items a new life with an emphasis on creativity, and upcycled products can be sold as new items in the market, while traditional recycling typically involves breaking down materials for reuse.

2. 세부 내용 파악 문제 만들기

챗GPT에 본문과 문제 형식을 제시하면 세부 내용 파악(reading for detail) 문제를 손쉽게 만들 수 있다.

다음 내용에 대한 true or false 질문 3개 만들어 줘. 질문에 대한 답도 알려 줘.

All of a sudden, I really wanted to be good at photography, so I started learning more about it. After trying and making mistakes for years, I got better and began doing some part-time photography gigs. Then, one day, I decided to be bold— I quit my job and chose to make a living by taking pictures. I wasn't sure if I'd succeed, but I wanted to give it a try because I wanted to do something that made me happy. Now, I work as a professional photographer, and I'm happy.[5)]

---

1. True or False: The person in the story initially had professional training in photography.

● Answer: False.

5) 출처: 윤정미 외, (2020), Middle School English 3, 동아출판

2. True or False: The individual quit their job without any uncertainty about the success of their photography career.
- Answer: False.

3. True or False: The person's decision to pursue photography was solely driven by a desire to make a living rather than personal happiness.
- Answer: False.

다음과 같이 후카츠식 프롬프트를 활용하여 문제를 생성할 수도 있다.

#Command
You are a professional ESL teacher teaching Korean students. Output the best result based on the constraints and input statements below.

#Constraints
- level: CEFR A2

#Input
Create five comprehension check questions based on the following passage. Provide answers and explanations.

All of a sudden, I really wanted to be good at photography, so I started learning more about it. After trying and making mistakes for years, I got better and began doing some part-time photography gigs. Then, one day, I decided to be bold— I quit my job and chose to make a living by taking pictures. I wasn't sure if I'd succeed, but I wanted to give it a try because I wanted to do something that made me happy. Now, I work as a professional photographer, and I'm happy.[6)]

#Output

Comprehension Check Questions:

1. Why did the speaker suddenly become interested in photography?

6) 출처: 윤정미 외, (2020), Middle School English 3, 동아출판

2. How did the speaker improve their photography skills?
3. What did the speaker decide to do after gaining some experience in photography?
4. Was the speaker confident about their decision to pursue photography full-time?
5. How does the speaker feel about their current profession as a photographer?

Answers and Explanation:

1. The speaker suddenly became interested in photography because they really wanted to be good at it.
   - Explanation: The passage states, "All of a sudden, I really wanted to be good at photography…"

2. The speaker improved their photography skills by learning more about it and trying and making mistakes for years.
   - Explanation: The passage mentions, "so I started learning more about it. After trying and making mistakes for years, I got better…"

3. After gaining some experience and improving their skills, the speaker decided to quit their job and make a living by taking pictures.
   - Explanation: The passage says, "Then, one day, I decided to be bold— I quit my job and chose to make a living by taking pictures."

4. The speaker wasn't sure if they would succeed, but they wanted to give it a try because they wanted to do something that made them happy.
   - Explanation: The passage states, "I wasn't sure if I'd succeed, but I wanted to give it a try because I wanted to do something that made me happy."
5. The speaker feels happy about their current profession as a professional

photographer.
- Explanation: The passage concludes with, "Now, I work as a professional photographer, and I'm happy."

3. 클로즈 문제(Cloze Test) 학습지 만들기

클로즈(빈칸 채우기) 유형도 쉽게 만들 수 있다.

다음 글에서 중요한 단어 10개를 밑줄로 바꿔서 cloze test를 만들어 줘.

Hi, everyone! My name is David Parker, and I'm a photographer. Today, I want to share how I discovered and achieved my dream. In my youth, I had a passion for stars and enjoyed photography, but never imagined they could turn into a career. I didn't have a specific dream, so I chose engineering as my major in college. I thought it was a decent path. While working at an engineering company after graduation, I wasn't sure if it truly brought me joy.
Everything changed during a winter vacation in Iceland, where I witnessed wonderful Northern Lights. Taking pictures of those lights got me excited again. After winning a photo contest with those pictures, I decided to be a professional photographer. After years of trial and error, my photography skill improved and now, I enjoy my job as a professional photographer.[7)]

Hi, everyone! My name is David Parker, and I'm a ____________. Today, I want to share how I discovered and achieved my dream. In my youth, I had a passion for _____ and enjoyed photography, but never imagined they could turn into a career. I didn't have a specific dream, so I chose ________ as my major in college. I thought it was a _____ path. While working at an engineering company after graduation, I wasn't sure if it truly brought me joy.
Everything changed during a winter vacation in Iceland, where I witnessed

7) 출처: 윤정미 외, (2020), Middle School English 3, 동아출판

wonderful ______________. Taking pictures of those lights got me excited again. After winning a photo contest with those pictures, I decided to be a professional photographer. After years of ______ and error, my photography skill improved and now, I enjoy my job as a professional photographer.

학생들에게 빈칸에 들어갈 단어에 대한 힌트를 주기 위해 이모지를 넣어 보자. 우선 빈칸 옆에 정답을 생성하도록 지시한다.

밑줄로 바꾼 단어를 밑줄 옆에 괄호에 넣어서 써 줘.

Hi, everyone! My name is David Parker, and I'm a (photographer) ______ . Today, I want to share how I discovered and achieved my dream. In my youth, I had a passion for (stars) ______ and enjoyed photography, but never imagined they could turn into a career. I didn't have a specific dream, so I chose (engineering) ______ as my major in college. I thought it was a (decent) ______ path. While working at an engineering company after graduation, I wasn't sure if it truly brought me joy.
Everything changed during a (winter) ______ vacation in Iceland, where I witnessed wonderful (Northern Lights) ______. Taking pictures of those lights got me excited again. After winning a photo contest with those pictures, I decided to be a professional photographer. After years of (trial) ______ and error, my photography skill improved and now, I enjoy my job as a professional photographer.

그리고 나서 이모지로 바꾸도록 지시해 본다.

괄호 안에 있는 단어를 이모지로 바꿔 줘. 밑줄은 그대로 둬.

Hi, everyone! My name is David Parker, and I'm a (📷) ______ . Today, I want to share how I discovered and achieved my dream. In my youth, I had a passion for (⭐) ______ and enjoyed photography, but never imagined they could turn into a career. I didn't have a specific dream, so I

chose (🛠) ______ as my major in college. I thought it was a (👍) ______ path. While working at an engineering company after graduation, I wasn't sure if it truly brought me joy.
Everything changed during a (❄) ______ vacation in Iceland, where I witnessed wonderful (🌌) ______. Taking pictures of those lights got me excited again. After winning a photo contest with those pictures, I decided to be a professional photographer. After years of (🔍) ______ and error, my photography skill improved and now, I enjoy my job as a professional photographer.

4. 토의 / 토론 문제 만들기

읽기 활동을 통해 독해 능력을 키우게 하는 것도 중요하지만 학생들이 가져야 하는 중요한 역량 중 하나인 비판적 사고 능력을 키우게 하는 것도 필요하다. 이를 위해 종종 읽기 후 활동으로 토의 / 토론 활동을 하기도 한다. 읽기 후 토의 / 토론 활동은 내용에 대한 학생들의 사고와 표현력을 기를 수 있는 좋은 기회이다. 하지만 교사가 스스로 고민하고 만들기에는 우리가 해야 할 업무가 너무나 많다. 시간을 줄이면서도 알찬 문제를 챗GPT가 만들어 주도록 지시해 보자. 모범 답안까지 만들어 달라고 요청할 수도 있다.

Can you suggest five discussion questions based on the following passage? Please make them simple.

Although I have a lot of comfort foods, a madeleine is my favorite. It is a small cake that looks like a sea shell. People in France like eating madeleines as an afternoon snack. When I visit my grandmother, she always makes them for me. I especially like eating her orange madeleines with a cup of tea. Whenever I see or smell madeleines, my grandmother comes to mind. I'd like to share my grandmother's special recipe with you so that you can make orange madeleines, too. Maybe madeleines will become a comfort food for you![8)]

Favorite Comfort Foods: What is your favorite comfort food and why do you love it?

Food and Memories: Is there a food that reminds you of someone special in your life? Who is it and what food reminds you of them?

Trying New Foods: Have you ever tried a food from another culture that you really liked? What was it?

Baking with Family: Do you have any special recipes that you learned from a family member? What are they?

Afternoon Snacks: What do you like to eat as an afternoon snack?

Can you provide answers for the questions?

Sure, here are some answers to the questions based on the passage:

1. Favorite Comfort Foods: My favorite comfort food is homemade mac and cheese. I love it because it's creamy, cheesy, and reminds me of cozy family dinners.

2. Food and Memories: Apple pie reminds me of my mom. She always bakes one for holidays and special occasions, and the smell of it baking always makes me think of her.

3. Trying New Foods: Yes, I once tried sushi from Japan and really liked it. The combination of flavors and textures was amazing and different

8) 출처: 윤정미 외, (2020), Middle School English 3, 동아출판

from anything I had tried before.

4. Baking with Family: My grandmother taught me how to make her special chocolate chip cookies. It's a simple recipe, but it always tastes so much better when made with her guidance.

5. Afternoon Snacks: I like to eat a piece of fruit, like an apple or a banana, as an afternoon snack. Sometimes I'll have a cup of tea with some biscuits too.

챗GPT의 모범 답안을 예시로 제시하고 조별로 질문에 대한 답변을 나눈 다음 돌아가면서 발표하는 식으로 진행하거나 패들렛에 답변을 남기게 한 후 함께 살펴보는 형식으로 활동을 진행할 수 있다.

4. 말하기 수업 준비하기

1. 상황에 맞는 표현 찾기

챗GPT는 특정 상황에서 활용할 수 있는 표현을 찾거나 의미가 유사한 표현을 찾는 데 매우 유용하다. 교과서에 수록되지는 않았지만, 실제 상황에서 활용할 수 있는 다양한 표현을 추가로 제시할 때 사용하면 된다.

음식점에서 음식을 주문할 때 사용할 수 있는 영어 표현 알려 줘.

음식점에서 영어로 음식을 주문할 때 사용할 수 있는 기본적인 표현들을 아래에 정리해 드렸습니다:

1. "Can I see the menu, please?"
   - 메뉴를 볼 수 있을까요?

2. "I'm ready to order."
   - 주문하겠습니다.

3. "I'll have the ____(menu item)____, please."
   - ____(메뉴 이름)____주세요.

4. "What do you recommend?"
   - 무엇을 추천해 주시나요?

5. "How is the ____(menu item)____ prepared?"
   - ____(메뉴 이름)____은 어떻게 만들어져 있나요?

6. "Can I get it without ____(ingredient)____?"
   - ____(재료)____ 없이 할 수 있을까요?

7. "I'd like my steak medium rare, please."
   - 스테이크는 미디엄 레어로 주세요.

8. "Can I have a glass of water, please?"
   - 물 한 잔 주세요.

9. "Is this dish spicy?"
   - 이 음식은 매운가요?

10. "I have a(n) ____(allergen)____ allergy. Can you make sure there's none in my dish?"
   - 나는 ____(알레르기 원인)____ 알레르기가 있어요. 이것이 들어있지 않게 해줄 수 있나요?

11. "Can I have the bill / check, please?"
   - 계산서 주세요.

12. "Are there any vegetarian / vegan options?"
   - 채식주의자 / 비건용 옵션이 있나요?

13. "I'd like to make a reservation for ____(number of people)____ at ____(time)____."
   - ____(시간)____에 ____(사람 수)____ 명 예약하고 싶어요.

이 표현들은 대부분의 영어 사용 국가에서의 레스토랑 방문 시 유용하게 사용될 수 있습니다.

이번에는 후카츠식 프롬프트로 지시해 본다.

#Command
You are a professional ESL teacher teaching Korean students. Output the best result based on the constraints and input statements below.

#Constraints
- length:
- level: CEFR A2

#Input
Create a list of 20 expressions you can use when you place an order at a restaurant.

#Output

Certainly! Here is a list of 20 expressions that you can use when placing an order at a restaurant for students at CEFR A2 level:

"I'd like to order…"
"Can I get…"
"May I have…"
"I'll have…"
"Could I please have…"
"I want…"
"Give me…"
"I'd prefer…"
"I'm going to have…"
"Do you have…"
"Is it possible to get…"
"I'm interested in…"
"Could you bring me…"
"I'd love to try…"

"What do you recommend?"
"I'm in the mood for…"
"One of these, please."
"I'll go with…"
"For my main course, I'll have…"
"To start, I'll order…"
These expressions should help your Korean students confidently place their orders at a restaurant at a CEFR A2 level of English proficiency.

길을 찾는 경우도 교과서에서 자주 나오는 상황 중 하나이다. 관련 표현을 생성시켜 보자.

길을 찾을 때 사용할 수 있는 영어 표현 5개 알려 줘.

물론이죠! 길을 찾을 때 사용할 수 있는 영어 표현 5개는 다음과 같습니다:

1. "Excuse me, how do I get to **[place name]**?"
2. "Can you direct me to **[place name]**?"
3. "Where is the nearest subway station?"
4. "If I keep going this way, will I get to **[place name]**?"
5. "Which direction should I go to reach **[place name]**?"

길을 묻거나 정보를 요청할 때는 항상 "Excuse me"나 "Pardon me"와 같은 접근어구로 시작하는 것이 좋습니다. 그리고 정보를 제공해 준 사람에게는 "Thank you"나 "Thanks"로 감사의 말을 전하면 좋습니다.

이번에는 학생들이 교실 앞에서 어떤 주제에 대해 발표하는 경우를 예로 들어 보자. 발표를 할 땐 바로 본론으로 들어가기보단 인사말 - 주제 소개 - 본론 - 마무리 인사의 구성으로 발표하도록 하는 것이 바람직하다. 보통은 교사가 유용한 표현을 몇 개 찾아서 제시해 주곤 하지만, 문제는 학생들의 발표문이 비슷해져 버리고 발표가 쉽게 지루해진다는 것이다.

이 점에 주목해서 학생들에게 직접 챗GPT에 질문을 하고 마음에 드는 표현을 골라 쓰게 하는 방식을 써 보니 효과적이었다. 학생들이 나름대로 프롬프트를 입력한다면 아래와 유사한 결과물을 얻을 수 있다.

영어 발표할 때 사용할 수 있는 인사말 표현 알려 줘

영어 발표할 때 사용할 수 있는 인사말 표현을 알려드리겠습니다.

1. Good morning / afternoon / evening, everyone.
   - 다른 말로는, "Hello, everyone." 이나 "Welcome, everyone."도 가능합니다.

2. I'd like to begin / start by introducing myself.
   - 발표자 자신을 소개할 때 사용할 수 있는 표현입니다.

3. Thank you for joining me today.
   - 오늘 발표를 들으러 와줘서 감사합니다.

4. I'm delighted / honored to be here today.
   - 오늘 여기 와서 정말 기쁩니다 / 명예로움을 느낍니다.

5. I'm excited / nervous to be speaking in front of such a distinguished audience.
   - 이런 저런 사람들 앞에서 발표하는 것이 기대됩니다 / 긴장됩니다.

6. Without further ado, let's get started.
   - 이제 시작하겠습니다.

7. My presentation today is about···
   - 오늘 제 발표는 ~에 관한 것입니다.

8. I hope you'll find my presentation informative / engaging.
   - 제 발표가 유익하거나 흥미로운 것으로 평가되길 바랍니다.

9. Please feel free to ask questions at any time.
   - 언제든지 질문하셔도 됩니다.

10. Thank you for your attention / time.
   - 관심 가져 주셔서 감사합니다 / 시간 내 주셔서 감사합니다.

발표할 때 사용할 수 있는 영어 인사말 알려 줘

물론이죠! 발표할 때 사용할 수 있는 영어 인사말 몇 가지를 소개해 드리겠습니다:

1. Greetings / Opening:
   - Good morning / afternoon / evening, everyone.
   - Hello and welcome to [topic of your presentation].
   - Thank you for being here today.
   - It's a pleasure to be here today.

2. Introducing Yourself:
   - For those of you who don't know me, I'm [Your Name], [Your Position / Role].
   - My name is [Your Name], and I'm responsible for [Your Department / Job Title].

3. Purpose of the Presentation:
   - Today, I'm going to talk about [main topic].
   - The focus of today's presentation is [main topic].

4. Engaging the Audience:
   - I hope to provide some valuable insights on [topic].
   - I believe this topic is especially relevant because [reason].
   - I'd appreciate your attention and I'm looking forward to your feedback / questions at the end.

5. Setting the Tone:
   - Please feel free to interrupt me if you have any questions.
   - I encourage open discussion, so please don't hesitate to share your thoughts.

6. Acknowledging the Setting:
   - It's great to be here at [event / conference / meeting name].
   - Thank you to [organization / host] for inviting me to speak today.

7. Closing and Transition:
   - Without further ado, let's dive into our main topic.
   - So, let's get started!

이러한 인사말은 발표의 시작 부분에서 청중의 주의를 집중시키고, 발표의 방향과 목적을 알려주는 데 도움이 됩니다. 청중과의 관계나 발표의 내용에 따라 적절한 표현을 선택하여 사용하시면 좋습니다.

영어 발표할 때 사용할 수 있는 영어 인사말 알려 줘

영어 발표할 때 사용할 수 있는 다양한 인사말 중 일부를 아래에 제시합니다.

1. Good morning / afternoon / evening, everyone.
2. Ladies and gentlemen, welcome.
3. Hello, everyone.
4. Greetings, all.
5. How's everyone doing today?

6. I'm delighted to be here with you today.
7. It's an honor to speak in front of you all.
8. Thank you for joining me today.
9. I hope everyone is doing well.
10. Welcome to my presentation.

이외에도 "Hi, everyone", "Nice to see you all", "Good to be here", "Thank you for coming" 등도 사용할 수 있습니다. 발표의 분위기나 대상을 고려하여 적절한 인사말을 선택해 사용하시면 됩니다.

이처럼 비슷한 프롬프트를 넣어도 그때마다 답변이 다르게 나오기 때문에 학생마다 다양한 표현으로 발표문을 작성하고 발표할 수 있다는 점이 좋았다.

주제를 본격적으로 소개하는 표현과 마무리 표현도 스스로 찾게 할 수 있다.

영어 발표할 때 사용할 수 있는 쉬운 주제 소개 표현 알려 줘.

물론이죠! 발표의 주제를 소개하는 것은 청중의 주목을 받는 첫걸음입니다. 그렇기에 간단하고 명확한 표현을 사용하는 것이 좋습니다. 아래는 발표 시작 시 주제를 소개하는 데 사용할 수 있는 간단한 영어 표현들입니다:

1. "Today, I'll talk about…"
2. "Let's discuss…"
3. "I want to share about…"
4. "Our topic today is…"
5. "I'll be covering…"
6. "Have you heard of…? That's our focus today."
7. "Let's explore…"
8. "I want to introduce you to…"
9. "Today's subject is…"
10. "Let me tell you about…"

이러한 표현들은 간단하면서도 명확하게 주제를 전달할 수 있어 발표를 시작하는 데 효과적입니다. 주제와 청중의 특성에 따라 적합한 표현을 선택하여 사용하면 좋습니다.

발표를 마칠 때 사용할 수 있는 영어 표현 알려 줘.

발표를 마무리할 때 사용할 수 있는 영어 표현들을 몇 가지 공유하겠습니다.

1. Thank you for your attention. If there are any questions, I'll be happy to answer them.
2. That brings me to the end of my presentation. Thank you for listening.
3. I hope you found this presentation useful. Please feel free to ask any questions.
4. This concludes my presentation. I appreciate your time and attention.
5. I'd like to close by saying…
6. That's all I have for today. Thank you for your time.
7. In conclusion…
8. That wraps up my talk. I look forward to any questions or comments.
9. Thank you for your time and consideration. I'd be happy to take any questions.
10. This concludes my talk. Thank you for listening and I'm open for questions.

이 표현들은 상황이나 주제에 따라 자유롭게 사용할 수 있으며, 발표자의 스타일과 일관성을 유지하는 데도 도움이 됩니다.

이처럼 챗GPT를 통해 학생들이 발표문의 기본 뼈대가 되는 표현을 찾아 발표문을 작성하게 하였다.

TIP 말하기 수업에서 자주 사용되는 주제는 '자신의 롤 모델 소개하기'인데, 학생들에게는 자신의 롤 모델에 대한 정보를 챗GPT에 질문하지 말도록 해야 한다. 앞 장에서 설명했던 것처럼 한국어로 된 정보나 인물에 대한 정보는 할루시네이션이 빈번하게 발생하기 때문이다. 인물에 관한 정보는 공신력 있는 다른 사이트를 참고하게 하자.

2. 대화문 만들기

어떠한 단어를 사용할지, 몇 명이 대화하는지, 대화 주제가 무엇인지, 대화의 길이까지 프롬프트로 설정할 수 있어서 맞춤형 대화문을 만드는 데 아주 적합하다.

영어 단어를 활용한 영어 대화문을 만들고 싶어. 단어는 originate, obvious, believe, create, inventor야. 대화의 주제는 단어의 어원이야. 2명이 대화하고, 각각 다섯 번씩 말하게 해 줘.

---

1. Jane: Hey, Mike! Did you ever wonder where the word 'originate' comes from?
2. Mike: Oh, it's interesting you ask! I believe it's from the Latin word 'originare', meaning 'to begin' or 'to create'.
3. Jane: Right! Speaking of 'create', that word has its roots in Latin too. It comes from 'creare', which means to produce or make.
4. Mike: That's so fascinating! By the way, do you know about the word 'obvious'? I've always been curious about its origin.
5. Jane: Oh, 'obvious' comes from the Latin 'obvius' which means 'in the way' or 'present'. Words really have deep histories, don't they?
6. Mike: Absolutely. It makes me appreciate language more. Now, think about the word 'inventor'. I bet it has a Latin connection too.
7. Jane: You're on point again! 'Inventor' comes from the Latin word 'inventum', which is the past participle of 'invenire', meaning 'to find'.
8. Mike: Language and its evolution are so intriguing. Every time I learn about a word's origin, it makes me believe in the rich tapestry of human history and communication.
9. Jane: I couldn't agree more. Words are like mini time capsules, giving us a glimpse into the past and how thoughts and ideas were formed.
10. Mike: Absolutely. Unraveling their histories is like solving a puzzle, connecting the dots between cultures and epochs.

(Note: This conversation assumes that Mike and Jane have a basic understanding of etymology and the Latin language.)

Write a simple and short dialogue between two friends at school about their school play and use the following words in the dialogue: excuse, text, waste, quit. The level of the dialogue should be easy for EFL students. The total turns in the conversation should be less than 10 turns.

---

1. Alice: Hey, did you get the text about the school play?
2. Bob: Yeah, but I'm thinking of making an excuse to not join.
3. Alice: Why? I think it would be a waste if you don't participate!
4. Bob: I'm just nervous. What if I forget my lines?
5. Alice: You can't quit just because of that! We'll practice together.
6. Bob: Really? That would help a lot. Thanks, Alice!
7. Alice: Of course! It's going to be fun. Let's not waste this opportunity.
8. Bob: You're right. I won't quit. Let's do this!

#Command
You are a professional ESL teacher teaching Korean students. Output the best result based on the constraints and input statements below.

#Constraints
- length: 10 turns in total
- level: CEFR A2

#Input
Create a dialogue taking place at a restaurant between a waiter and a customer.

#Output

Sure, here's a dialogue between a waiter and a customer at a restaurant, keeping in mind the CEFR A2 level:

Customer: Excuse me, can I have a menu, please?

Waiter: Of course! Here's the menu. Would you like something to drink while you decide?

Customer: Yes, I'll have a glass of water, please.

Waiter: Sure, one glass of water coming up. Are you ready to order or do you need more time?

Customer: I need a few more minutes. What's today's special?

Waiter: Today's special is the chicken pasta with garlic bread. It's delicious!

Customer: That sounds good. I'll have that, please.

Waiter: Excellent choice! How spicy would you like it, mild, medium, or hot?

Customer: I'll go with medium, please.

Waiter: Got it, one medium chicken pasta. Anything else?

Customer: Yes, can I also get a side salad with vinaigrette dressing?

Waiter: Of course, a side salad with vinaigrette. Anything to drink besides water?

Customer: I'll have a cola, please.
Waiter: Alright, one cola. Anything else?

Customer: No, that's it for now. Thank you!

Waiter: You're welcome. Your order will be ready shortly. Enjoy your meal!

3. 발음 알아보기

안타깝게도 학생들 중에서는 영어를 전혀 읽지 못하는 경우도 있다. 아주 기본적인 단어조차도 발음을 모르는 이러한 학생들을 도와주기 위해 교사는 종종 문장을 반복하여 읽어 주며 학생에게 소리 나는 대로 발음을 한국어로 적어 놓으라고 하곤 한다. 하지만 수업 시간이 빠듯하거나 개별 학생을 도와주기에 어려운 상황일 때는 이조차도 어렵다. 이럴 때 챗GPT를 활용하면 매우 간편하게 읽는 법을 알려줄 수 있다.

다음 문장의 발음을 소리 나는 대로 한국어로 써 줘.

Hi, everyone! My name is David Parker, and I'm a photographer. Today, I want to share how I discovered and achieved my dream. In my youth, I had a passion for stars and enjoyed photography, but never imagined they could turn into a career. I didn't have a specific dream, so I chose engineering as my major in college. I thought it was a decent path.

하이, 에브리원! 마이 네임 이즈 데이빗 파커, 앤드 아이 엠 어 포토그래퍼. 투데이, 아이 원트 투 쉐어 하우 아이 디스커버드 앤드 어치브드 마이 드림. 인 마이 유스, 아이 해드 어 패션 포 스타즈 앤드 인죠이드 포토그래피, 벗 네버 임매진드 데이 쿨드 턴 인투 어 커리어. 아이 디드닛 해브 어 스피시픽 드림, 소 아이 쵸우즈 엔진니어링 어즈 마이 메이저 인 칼리지. 아이 쏘트 잇 워즈 어 디센트 패스.

한국어로 소리 나는 대로 쓴 발음이기 때문에 유창성은 다소 떨어질 수 있으나 이조차도 어려운 학생들을 도와주기 위해서는 매우 간편한 방법이다.

4. 토론 주제 찾기

수업에서나 교내 영어 대회에서 적합한 토론 주제를 찾을 때 챗GPT를 활용할 수 있다.

중학교에서 영어 토론 대회를 주최하려고 해. 중학생들에게 적합한 영어 토론 주제 10개 알려 줘. 토론 주제는 사회, 과학, 스포츠, 경제 등 다양한 분야와 관련된 것으로 찾아 줘.

물론이죠! 중학생들에게 적합한 영어 토론 주제를 아래에 나열해 보았습니다:

1. 사회: "Should students wear school uniforms? Why or why not?"
(학생들은 교복을 입어야 할까? 왜 혹은 왜 아닐까?)

2. 과학: "Are humans responsible for climate change?"
(인간은 기후 변화의 원인인가?)

3. 스포츠: "Do competitive sports put too much pressure on young people?"
(경쟁 스포츠는 청소년에게 너무 많은 압박을 주는가?)

4. 경제: "Should schools teach financial literacy from an early age?"
(학교에서 어린 나이부터 재무 관련 교육을 받아야 할까?)

5. 기술: "Are smartphones doing more harm than good for teenagers?"
(스마트폰은 10대 청소년에게 더 많은 해보다 이익을 주는가?)

6. 사회: "Should community service be mandatory for middle school students?"
(중학생들에게 지역사회 봉사 활동을 의무화해야 할까?)

7. 문화: "Does pop culture have a positive or negative effect on young people?"
(대중 문화는 청소년에게 긍정적인 영향을 주는가, 부정적인 영향을 주는가?)

8. 과학: "Should animal testing be banned?"
   (동물 실험을 금지해야 할까?)

9. 스포츠: "Is e-sports a real sport?"
   (전자 스포츠는 진정한 스포츠인가?)

10. 환경: "Is it important for schools to teach about environmental conservation?"
   (학교에서 환경 보존에 대해 가르치는 것이 중요한가?)

이 주제들은 학생들의 생각을 활성화시키고 다양한 관점에서 토론을 진행할 수 있을 것입니다.

중학생들을 위한 일상생활과 관련된 영어 토론 주제 10개 알려 줘.

물론이죠! 중학생들의 일상생활과 관련하여 토론할 수 있는 주제를 제시합니다:

1. "Is homework beneficial or does it simply add to student stress?"
   (숙제는 도움이 되는 것인가, 아니면 학생들의 스트레스만 증가시키는 것인가?)

2. "Should schools start later in the morning to allow for more sleep?"
   (학생들의 수면 시간을 늘리기 위해 학교는 아침에 좀 더 늦게 시작해야 하는가?)

3. "Are school cafeterias offering healthy food options for students?"
   (학교 급식은 학생들에게 건강한 음식 옵션을 제공하고 있는가?)

4. "Should students be allowed to use smartphones during break times?"
   (학생들은 휴식 시간 동안 스마트폰을 사용할 수 있어야 하는가?)

5. "Is it better to study alone or in groups?"
   (혼자 공부하는 것이 좋은가, 아니면 그룹으로 공부하는 것이 좋은가?)

6. "Do uniforms help students focus or suppress individuality?"
(교복은 학생들의 집중력을 돕는가, 아니면 개성을 억압하는가?)

7. "Should schools have longer breaks to promote physical activity?"
(체육 활동을 촉진하기 위해 학교는 더 긴 휴식 시간을 가져야 하는가?)

8. "Are online friendships as valuable as face-to-face ones?"
(온라인 친구 관계는 직접 만나는 친구 관계만큼 가치 있는가?)

9. "Should students be rewarded for good attendance at school?"
(학교에 잘 출석하는 학생들에게 보상을 주어야 하는가?)

10. "Is it more effective to read printed books or digital ones?"
(인쇄된 책을 읽는 것이 더 효과적인가, 아니면 디지털 책을 읽는 것이 더 효과적인가?)

이 주제들은 중학생들의 일상생활과 밀접하게 연관되어 있어 학생들이 관심을 가지고 토론할 수 있을 것입니다.

중학생들을 위한 휴대전화 사용과 관련된 영어 토론 주제 10개 알려 줘.

중학생들을 위한 휴대전화 사용과 관련된 영어 토론 주제를 아래에 나열해 드립니다:

1. "Should middle school students be allowed to have smartphones in school?"
(중학생들은 학교에서 스마트폰을 가지고 다녀도 되는가?)

2. "Is it appropriate for teachers to use smartphones as teaching tools in the classroom?"
(교사가 수업 도구로 스마트폰을 사용하는 것은 적절한가?)

3. "Do smartphones help or hinder communication among friends and family?"
(스마트폰은 친구나 가족 간의 소통을 돕는가, 아니면 방해하는가?)

4. "What are the advantages and disadvantages of social media for middle school students?"
(중학생들에게 소셜미디어의 장점과 단점은 무엇인가?)

5. "Should there be restrictions on the use of smartphones while driving, even for young people?"
(운전 중에도 스마트폰 사용에 제한을 두어야 하는가, 특히 젊은이들에게?)

6. "Is smartphone addiction a real problem among middle school students?"
(스마트폰 중독은 중학생들 사이에서 실제로 문제가 되는가?)

7. "What impact does excessive smartphone use have on academic performance?"
(과도한 스마트폰 사용이 학업 성적에 어떤 영향을 미치는가?)

8. "Should there be age restrictions on the use of certain smartphone apps and games?"
(특정 스마트폰 앱과 게임 사용에 연령 제한을 두어야 하는가?)

9. "Do smartphones help or hinder student's ability to focus and study effectively?"
(스마트폰은 학생들이 집중하고 효과적으로 공부하는 데 도움이 되는가, 아니면 방해되는가?)

10. "Should parents have the right to monitor their middle school child's smartphone usage?"
(부모님은 중학생의 스마트폰 사용을 모니터링할 권리를 가져야 하는가?)

이러한 주제들은 중학생들이 스마트폰 사용과 관련된 중요한 문제에 대해 생각하고 토론하는 데 도움이 될 것입니다.

5. 채팅으로 대화 연습하기

학생들은 SNS에서 채팅하는 것에 익숙하기 때문에 챗GPT와 간접적으로 대화문을 연습하는 것도 흥미로운 말하기 수업 활동이 될 수 있다. 대화를 나누는 상황과 대화 주제를 제시하면 매끄럽게 대화문을 연습해 볼 수 있다.

I'm a Korean student in CEFR A2 level. I want to practice speaking English, especially ordering food at a restaurant. I'm a customer. Can you be a waiter?

Of course, I'd be happy to help you practice ordering food at a restaurant in English! I'll play the role of the waiter, and you can go ahead and place your order or ask any questions you may have.

Waiter: Hello! Welcome to our restaurant. How can I assist you today?

Good morning!

Waiter: Good morning! It's great to have you here. Are you ready to order or would you like to see our menu first?

Can I see the menu, please?

Waiter: Of course, here's the menu. Take your time to look it over. If you have any questions or need recommendations, feel free to ask.

Can I order a hamburger?

Waiter: Certainly! Would you like any specific toppings on your hamburger, such as lettuce, tomatoes, onions, or cheese? And would you like it with fries or a side salad?

I'd like all of them, except onions and I'd like a side salad.

Waiter: Great choice! You'd like a hamburger with lettuce, tomatoes, and cheese, and a side salad. How would you like your hamburger cooked? We can do it rare, medium-rare, medium, medium-well, or well-done.

Well-done, please.

Waiter: Thank you for your order. One well-done hamburger with lettuce, tomatoes, and cheese, served with a side salad. Is there anything else you'd like to add to your order, like a beverage or dessert?

Just a coke. Do you have a zero-coke?

Waiter: Certainly, we have Coke Zero. I'll make sure to bring you a Coke Zero with your order. Anything else you'd like to add, or are you ready for me to place your order with the kitchen?

That'll be all. Thanks!

Waiter: You're welcome! I'll go ahead and place your order for a well-done hamburger with lettuce, tomatoes, and cheese, served with a side salad, along with a Coke Zero. Your meal should be ready shortly. If you need anything else, just let me know. Enjoy your meal!

이런 식으로 챗GPT와 음식점에서 주문하는 롤 플레이를 하게 한 후, 대화 내용을 캡처하여 패들렛에 게시하도록 해 보자.

학생들끼리 대화문을 연습하게 하면 교과서에 나와 있는 제한적인 대화 패턴으로만 연습하는 경우가 많다. 챗GPT와 연습하는 경우보다 실제적이고 풍성한 대화를 나눌 수 있어서 매우 유용하다.

6. 스마트폰에서 대화 연습하기

챗GPT에 스마트폰 음성 인식을 활용하면 인공지능과 대화하듯 영어를 학습하게 할 수 있다. 이 기능은 PC에서는 기본으로 제공되지 않으며, PC에서 비슷한 기능을 사용하는 법은 다음 장에 설명되어 있다.

1. 구글 플레이스토어나 애플 앱스토어에서 'ChatGPT'를 검색한다. 비슷한 아이콘과 이름을 가진 앱이 많이 나오므로 반드시 'OpenAI'에서 제작한 앱인지 확인하고 설치한다.

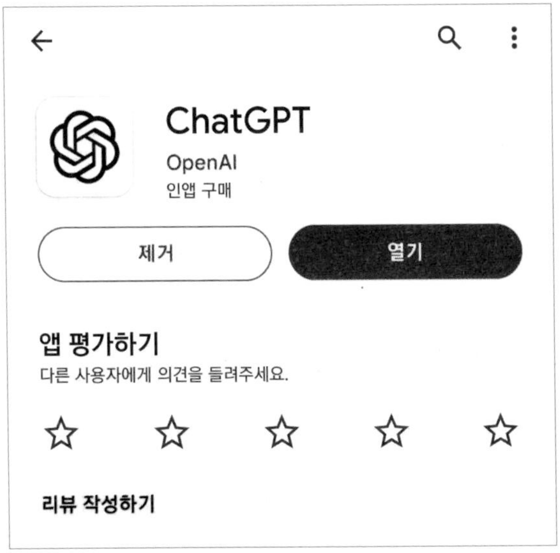

2. 오른쪽 하단에 있는 헤드셋 모양 아이콘을 선택한다.

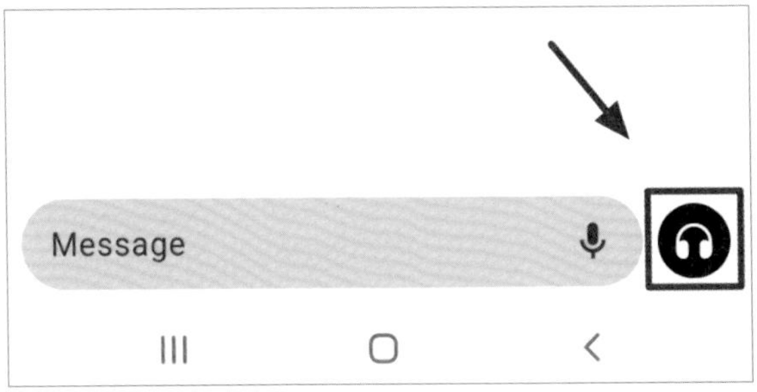

3. 아래와 같은 화면이 나온다. 말을 하면 음성 인식이 되며, 챗GPT가 즉시 대답을 해준다.

TIP 교실 상황에서 다같이 스마트폰을 활용하여 대화를 연습하게 된다면 잡음이나 다른 학생들의 목소리가 섞여 음성 인식이 잘 안 되기 때문에 개인 이어폰을 사용하게 하는 것이 좋다.

7. PC에서 확장 프로그램을 활용하여 대화 연습하기

PC에서는 원래 챗GPT와 채팅으로만 대화할 수 있지만, 크롬(Chrome) 브라우저에서 확장 프로그램을 설치한다면 음성으로 대화할 수 있다. 흔히 'Talk-to-ChatGPT'라는 확장 프로그램을 사용하는데, 필자가 사용해 본 결과 잠시만 머뭇거려도 음성 인식이 종료되어서 학생들이 사용하기엔 다소 어려움이 있었다. 본 책에서는 보다 활용도가 높은 '챗GPT용 음성 제어'라는 확장 프로그램을 소개하고자 한다.

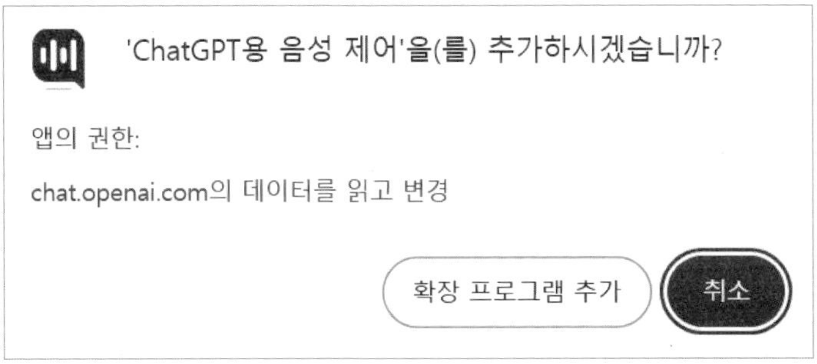

구글에 'GPT용 음성 제어'를 검색하였을 때 가장 상단에 나오는 사이트에 접속하여 'Chrome에 추가'를 누른 후 나오는 팝업에서 '확장 프로그램 추가'를 눌러 주면 쉽게 설치된다.

위와 같이 챗GPT에서 입력창 옆에 마이크 표시와 상단에 설정 버튼과 스피커 버튼이 생긴다면 정상적으로 설치된 것이다. 대화 연습을 하기 전에 설정 버튼을 클릭하여 몇 가지 기본 설정을 해야 한다.

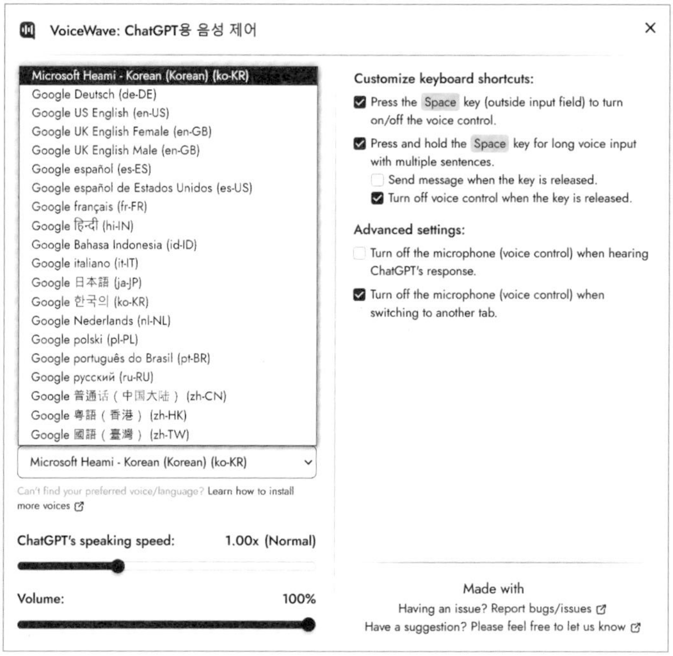

'Voice control language'는 사용자가 사용하는 언어이며 'ChatGPT's voice / language'는 챗GPT가 사용하는 언어인데, 둘 다 'US English'를 선택해 주었다. (영국식 영어를 선택할 경우 챗GPT의 목소리가 여성인지 남성인지도 설정 가능하다.)

'Message sending method'는 챗GPT에 메시지를 보내는 방식이다. 첫 번째 옵션은 사용자가 말을 끝냈을 때 자동으로 메시지를 보내게 하는 방식인데, 조금 머뭇거리기만 해도 메시지 인식이 끝날 수 있으니 추천하지 않는다. 반면 두 번째 옵션은 'Send'라고 말하면 메시지를 보내게 하는 방식이라 추천한다. 나머지 설정도 사용자가 사용하기 편리하도록 설정해 놓으면 된다. 필자가 직접 대화 연습을 해 본 결과는 다음과 같다.

I want to practice English speaking with you

Of course! I'd be happy to help you practice English speaking. What would you like to talk about or discuss? Feel free to ask questions or start a conversation on any topic you're interested in.

let's play a role play I'll be a customer
and you will be a server in a restaurant

Sure, that sounds like a fun role play! I'll be the server. Go ahead and start whenever you're ready, and I'll respond accordingly.

hello I would like to order some food please
can you show me the menu

Of course! Here's our menu. We have a variety of options including appetizers, salads, main courses, and desserts. Is there a particular type of cuisine you're in the mood for, or would you like some recommendations?

I would like some recommendations please

Certainly! Here are a few popular options:

1. For appetizers, our garlic bread with homemade dipping sauce is always a hit.
2. If you're in the mood for something light, our Caesar salad with

grilled chicken is a classic choice.
3. Moving on to main courses, our signature dish is the grilled salmon with lemon herb sauce, served with your choice of side.
4. If you prefer something heartier, our steak frites with garlic mashed potatoes is a favorite among our guests.
5. Finally, for dessert, I highly recommend our indulgent chocolate lava cake topped with vanilla ice cream.

Do any of these options sound appealing to you, or would you like more details on any specific dish?

I'm allergic to peanuts so I'm thinking about ordering the grilled salmon but does it have peanuts in it

---

Thank you for letting me know about your allergy. Our grilled salmon dish does not contain peanuts. It's prepared with a lemon herb sauce that doesn't include any peanut ingredients. However, to ensure your safety, I'll double-check with the kitchen staff to confirm that there's no risk of cross-contamination. Your safety is our top priority. Would you like me to go ahead and confirm this for you?

---

sure I will be happy if you go ahead and confirm that for me

Absolutely, I'll be right back to confirm with the kitchen staff. Thank you for your patience.

---

can I order now

Thank you for your patience. I've confirmed with our kitchen staff that the grilled salmon dish is free from peanuts and there's no risk of cross-contamination. You can safely order the grilled salmon if you'd like.
Would you like to go ahead and order the grilled salmon, or would

you like to consider any other options from the menu?

okay I will order the grilled salmon then
and would you recommend any other menu that goes well with a grilled salmon dish

Absolutely! Grilled salmon pairs wonderfully with a variety of side dishes. Here are a few options that complement the flavors of the salmon:

1. Steamed Vegetables: A side of steamed vegetables such as broccoli, carrots, and green beans adds freshness and nutrition to your meal.
2. Roasted Potatoes: Roasted potatoes seasoned with herbs make for a delicious and hearty accompaniment to the salmon.
3. Wild Rice Pilaf: The nuttiness of wild rice complements the flavors of the grilled salmon beautifully.
4. Mixed Green Salad: A light and refreshing mixed green salad with a tangy vinaigrette dressing can balance out the richness of the salmon.
5. Asparagus: Grilled or sautéed asparagus spears make for a simple yet flavorful side dish that pairs well with salmon.

Would you like to add any of these sides to your order, or is there anything else I can assist you with?

well it's rice pilaf sounds wonderful
I will have that
and I'll also want to order zero Coke please

Excellent choices! I'll add the wild rice pilaf and a zero Coke to your order. Is there anything else I can assist you with before I submit your order to the kitchen?

that's everything thank you

You're welcome! I'll go ahead and submit your order to the kitchen. Your grilled salmon with wild rice pilaf and a zero Coke will be served shortly. If you need anything else or have any further requests, feel free to let me know. Enjoy your meal!

수업 시간에 교사와 학생이 1:1로 대화 연습을 하는 것은 현실적으로 불가능하지만, 챗GPT를 활용한다면 개별적인 연습이 가능하다는 점에서 매우 유용하다.

또한, 학생들로 하여금 자신의 의도와 달리 잘못 인식된 부분이 어디인지, 그리고 자신의 발화 중 더 적절한 표현이 무엇일지 스스로 피드백을 주는 방식으로 진행하면 보다 흥미로운 말하기 수업이 될 것이다.

5. 쓰기 수업 준비하기

1. 가이드라인 만들기

쓰기 수행평가를 진행할 때는 글에 구체적으로 어떤 내용이 들어가야 하는지 학생들에게 분명한 가이드라인을 제시해야 한다. 챗GPT에 글의 주제를 제시하고, 포함되어야 하는 내용이 무엇일지 질문할 수 있다.

감명 깊게 읽은 책에 대해 소개하고 싶어. 어떤 내용을 포함해야 할까?

감명 깊게 읽은 책을 소개하실 때 포함하면 좋은 내용은 다음과 같습니다:

1. 제목 및 저자: 책의 제목과 저자를 명확하게 소개합니다.

2. 주요 내용 요약: 책의 주요 주제나 내용을 간략하게 요약합니다. 주요 인물, 중요한 사건 또는 중심 아이디어 등에 대해 설명할 수 있습니다.

3. 왜 읽게 되었는지: 해당 책을 처음 읽게 된 계기나 배경을 설명합니다. 추천을 받았는지, 혹은 어떤 상황에서 선택하게 되었는지 등의 이유를 공유하면 좋습니다.

4. 책에서의 핵심 메시지: 책에서 전달하고자 하는 핵심적인 메시지나 교훈을 공유합니다.

5. 감명 깊었던 부분: 책에서 특히 인상 깊었던 구절, 이야기, 또는 인사이트를 공유합니다. 그 부분이 왜 감동적이었는지, 어떤 생각이나 감정을 느꼈는지 상세하게 설명합니다.

6. 개인적인 연관성: 책의 내용이나 메시지가 본인의 경험, 생각, 감정 등과 어떻게 연결되었는지를 공유합니다.

7. 추천의 이유: 다른 사람들에게 이 책을 추천하는 이유를 밝힙니다. 그리고 어떤 독자에게 특히 추천하고 싶은지를 포함할 수 있습니다.

8. 책의 영향: 이 책을 읽은 후 당신의 생각, 행동, 또는 삶의 방향에 어떠한 영향을 미쳤는지 설명합니다.

9. 일러스트, 표지, 그래픽 디자인 등: 책의 물리적, 시각적 요소가 독서 경험에 어떤 영향을 미쳤는지에 대해 언급하면 좋습니다.

10. 종합 평가: 전체적인 평가나 별점을 주고, 다시 읽을 의향이 있는지, 또는 누군가에게 추천하고 싶은지 등의 의견을 포함합니다.

이렇게 다양한 요소를 포함하여 책을 소개하면, 다른 사람들이 그 책에 대한 깊은 이해를 얻을 수 있으며, 독서의 풍부함을 공유할 수 있습니다.

2. 예시 글 만들기

챗GPT는 학생들에게 제시하는 예시 글 또한 작성해 줄 수 있다. 글에 꼭 들어가야 하는 내용이 무엇인지 프롬프트에 제시하면 조건에 맞는 글이 완성된다.

감명 깊게 읽은 책에 대해 영어로 소개하고 싶어. 책 제목은 "어린왕자"야. 줄거리, 요약, 그리고 느낀 점을 포함한 글을 써 줘. 글의 독자는 중학교 2학년 학생이야.

물론이죠! "어린왕자"는 세계적으로 유명한 책이니, 여러 중학생들이 흥미를 느낄 것 같습니다. 다음은 그에 맞춰 작성한 소개 글입니다.

Introducing: "The Little Prince" by Antoine de Saint-Exupéry

Hey there!
I've just finished reading an incredible book that I think you'd love. It's called "The Little Prince" by Antoine de Saint-Exupéry.

Summary:
The story is about a pilot who crashes in the Sahara Desert, where he meets a young boy from another planet, known as the Little Prince. This isn't just any boy, but a prince who has traveled from planet to planet, meeting all sorts of unique inhabitants. Through their conversations, the pilot learns about the Little Prince's life, his love for a rose, and the many characters he's met on his journey, like the fox who teaches him that "You become responsible, forever, for what you have tamed."

My Thoughts:
One of the most beautiful aspects of this book is how it looks at the world through the eyes of a child, making you question the way adults see things. It reminds us of the importance of relationships, love, and understanding one another.

The lessons from the Little Prince are deep yet simple. For instance, the idea that "What is essential is invisible to the eye" really made me think about what truly matters in life. It's not the things we can see or touch, but the emotions and connections we share with others.

"The Little Prince" is more than just a story; it's a reflection on life, love, and human nature. Even though it seems like a children's book, the lessons it contains are profound and applicable to all ages.

I believe you'd find "The Little Prince" both entertaining and enlightening. If you decide to embark on this journey with the Little Prince, I hope you cherish every moment as much as I did!

> ---
>
> 이렇게 "어린왕자"의 중요한 주제와 메시지를 강조하면서 중학교 2학년 학생들이 관심을 가질 수 있도록 작성하였습니다.

챗GPT가 작성해 준 예시 글이 학생 수준에 비해 어렵고 긴 경우 쉬운 버전으로 고치게 할 수도 있다.

> 방금 작성해 준 글을 10문장으로 요약해 줘.

> 물론이죠! 아래는 방금 작성해 드린 글을 10문장으로 요약한 내용입니다.
>
> ---
>
> Hey there!
> I recently read "The Little Prince" by Antoine de Saint-Exupéry.
> It's about a pilot who meets a young prince in the Sahara Desert.
> The prince shares tales of his travels and the unique characters he's met.
> One lesson he learns is, "You become responsible, forever, for what you have tamed."
> The book reminds us to see the world like a child.
> It emphasizes the importance of relationships and love.
> A key message is: "What is essential is invisible to the eye."
> This story offers deep lessons on life and human nature.
> I believe you'd find "The Little Prince" both enlightening and enjoyable.
>
> ---

분량은 적절해졌지만 어휘의 난이도를 더 쉽게 수정하고 싶어서 다음과 같은 과정을 거쳤다.

어려운 단어를 쉽게 바꿔 줘.

물론이죠! 앞서 제공한 요약 내용의 어려운 단어나 표현을 더 간단하게 변경해 보겠습니다.

\---

Hey there!
I read a book called "The Little Prince" by Antoine de Saint-Exupéry.
It's about a man who meets a boy in the desert.
The boy tells him stories of his adventures and friends he made.
He learns that if you care for someone, you're in charge of them.
The book tells us to see things simply, like kids do.
It talks about the importance of friends and caring.
A big idea in it is: "The most important things can't be seen."
This story teaches us about life and people.
I think you'd like "The Little Prince."

\---

TIP 수업 자료용 그림 생성하기

챗GPT-4를 사용할 수 있는 유료 버전인 ChatGPT Plus를 사용하면 이미지도 생성할 수 있다. 챗GPT가 생성해 주는 이미지는 저작권 문제가 없기 때문에 교수학습 자료나 원안지 삽화로 사용 가능하다. {무료로 이미지를 생성하려면 마이크로소프트의 Copilot Designer(구 Bing Image Creator) 혹은 Wrtn을 사용할 수도 있다.}

A Korean young female teacher is writing a letter to her homeroom students. She's at a desk and has some books and files neatly stacked on shelves on the desk.

A scene of a Korean young female teacher sitting at a desk, writing a letter to her homeroom students. The desk is in a well-lit, cozy room, and on it, there are several neatly stacked books and files on shelves. The teacher looks focused and caring as she pens down her thoughts. The room suggests a warm and nurturing environment, with soft lighting accentuating the peaceful ambiance. The teacher is dressed professionally yet comfortably, reflecting her dedication and approachability. This scene captures a moment of quiet dedication and the close bond between a teacher and her students.

draw a jar in which big-sized shining rocks and small-sized pebbles are placed.

A transparent glass jar filled with large, shining rocks and small pebbles. The jar is placed on a wooden surface, and the scene is illuminated by soft, ambient light to highlight the texture and sparkle of the rocks and pebbles within. The rocks are of various colors, each emitting a gentle glow, while the pebbles are more subdued in color, creating a contrast in size and luminosity. The focus is on the intricate details of the rocks and pebbles, showcasing their natural beauty.

3장

챗GPT로 수행평가 쉽게 하기

1. 수행평가 준비하기

1. 채점 기준 설정하기

교육청마다 그 비중은 다르지만 학교마다 평가의 일정 비율 이상을 수행평가로 실시하도록 하고 있다. 서울의 경우 권장 수행평가 비중은 40%이며, 일부 지방은 이보다 더 높은 곳도 있다. 과정 중심의 평가를 지향하는 교육과정상 수행평가의 비중은 점점 높아질 것으로 예상된다.

수행평가를 실시할 때 교사로서 가장 어려운 점은 수행평가 채점 기준, 피드백 주기, 과정 기록하기인데, 챗GPT의 도움을 받아 많은 부분을 해결할 수 있다.

채점 기준은 전년도 채점 기준이나 다른 선생님들의 채점 기준을 참고해서 만들어도 되지만 이렇게 챗GPT에 요청할 수도 있다. 챗GPT에 수행평가 주제와 내용, 점수를 알려주면 평가 항목과 채점 기준을 제시해 준다.

감명 깊게 읽은 책에 대해 영어로 소개하는 글을 평가하고 싶어. 평가 항목과 채점 기준을 알려 줘. 점수는 20점 만점이고 내용에는 책 제목, 줄거리 그리고 느낀 점이 포함되어 있어.

물론이죠. 감명 깊게 읽은 책에 대한 영어로 작성된 소개 글을 평가하기 위한 기준을 제시하겠습니다.

1. 평가 항목:

1. 제목의 명확성 (Clear Presentation of Title): 책의 제목이 잘 표현되었는가?
2. 줄거리의 명확성 (Clearness of Plot Summary): 줄거리를 명확하고 간결하게 전달하였는가?

3. 개인적인 느낌의 표현 (Expression of Personal Impressions): 개인적인 느낌과 반응을 얼마나 잘 전달하였는가?
4. 어휘 및 문법 (Vocabulary & Grammar): 글의 어휘와 문법이 적절한가?
5. 글의 흐름 및 구성 (Flow & Organization): 글이 자연스럽게 흘러가며, 구성이 체계적인가?

2. 채점 기준 (20점 만점):

1. 제목의 명확성: 3점
   - 명확하게 제시: 3점
   - 부분적으로 불명확: 2점
   - 제목이 빠져 있거나 전혀 불명확: 1점

2. 줄거리의 명확성: 5점
   - 매우 명확하고 간결: 5점
   - 상세하지만 다소 장황: 4점
   - 중요한 부분이 빠져 있거나 혼동이 있음: 2~3점
   - 대부분의 내용이 빠져 있거나 전혀 이해되지 않음: 1점

3. 개인적인 느낌의 표현: 5점
   - 깊은 통찰과 뚜렷한 개인적인 느낌 표현: 5점
   - 개인적인 느낌은 있으나 표현이 표면적: 3~4점
   - 개인적인 느낌의 표현이 거의 없거나 부족: 1~2점

4. 어휘 및 문법: 3점
   - 어휘와 문법 오류 없음: 3점
   - 소수의 오류가 있지만 크게 방해되지 않음: 2점
   - 여러 문법 및 어휘 오류로 읽기 어려움: 1점

5. 글의 흐름 및 구성: 4점
   - 논리적이고 체계적인 구성: 4점

- 일반적인 흐름은 있으나 일부 불명확한 부분 있음: 2~3점
- 글의 구성이 혼란스러워 내용 이해가 어려움: 1점

위의 평가 기준을 바탕으로 평가하시면 됩니다.

아래 글을 평가하는 평가 요소를 5개를 만들어 줘. 평가 요소당 2점씩 부여해 줘
Hello, my name is [Name] and I'm a 16-year-old middle school student from Korea. I live with my parents and my younger brother. My parents are both working professionals and they are very supportive of my education. My brother is in elementary school and we enjoy playing video games and going to the park together. My favorite hobby is reading. I love to read books in both Korean and English, and I find it very relaxing to escape into different worlds and learn new things through books. I also enjoy playing the piano in my free time, and I have been playing for a few years now. My favorite food is bibimbap, which is a Korean dish with rice, vegetables, meat, and a spicy sauce. I love the combination of different flavors and textures, and it's a dish that my whole family enjoys. In school, my favorite subjects are English and science. I find it fascinating to learn about the world and how things work, and I also enjoy practicing my English skills. Outside of school, I like to watch movies and TV shows, and I enjoy playing soccer with my friends. That's a little bit about me. I'm looking forward to getting to know everyone in my new school!

To evaluate the provided self-introduction, you could use the following criteria:

1. Content and Completeness (2 points):

- Does the introduction cover various aspects of the person's life, including personal, academic, and family details?
- Does the writer provide a well-rounded picture of themselves?

2. Clarity and Coherence (2 points):
- Is the introduction easy to follow?
- Are the sentences logically sequenced and do they flow well together?

3. Grammar and Language Use (2 points):
- Are there any grammatical mistakes?
- Is the language appropriately used for a self-introduction?

4. Engagement and Interest (2 points):
- Does the introduction capture the reader's attention?
- Does the writer use descriptive language and details that make the introduction more engaging?

5. Cultural and Personal Insights (2 points):
- Does the writer provide insights into their culture, hobbies, and interests?
- Is the introduction personal and genuine?

Based on these criteria, you can evaluate the provided self-introduction for a total of 10 points.

각 채점 기준을 표로 정리해 줘.

네, 아래는 제시한 평가 요소를 표 형식으로 정리한 내용입니다:

평가 요소	내용	점수
Content and Completeness	개인적, 학업적, 가족에 관한 다양한 내용이 포함되어 있는가? 전반적으로 본인에 대해 잘 소개하고 있는가?	2점
Clarity and Coherence	글이 명확하고 잘 따라갈 수 있는가? 문장의 순서가 논리적인가?	2점
Grammar and Language Use	문법적 오류는 없는가? 자기소개에 적절한 언어를 사용하였는가?	2점
Engagement and Interest	독자의 관심을 끄는가? 서술적 언어와 상세한 내용으로 소개가 더 흥미롭게 작성되었는가?	2점
Cultural and Personal Insights	문화, 취미, 관심사에 대한 통찰을 제공하는가? 소개가 개인적이고 진정성이 있는가?	2점

이 표를 기반으로 총 10점 만점으로 평가할 수 있습니다.

쓰기 수행평가와 마찬가지로 말하기 수행평가를 실시할 때도 주제와 내용 등을 알려 주면 총점에 맞추어 채점 기준을 설정해 준다.

자신의 롤 모델에 대해 영어로 소개하는 수행평가를 실시하려고 해. 평가 항목과 채점 기준을 알려 줘. 점수는 20점 만점이고 소개 내용에는 롤 모델의 이름, 하는 일, 그리고 존경하는 이유가 포함되어 있어.

롤 모델에 대한 영어로의 소개를 평가하는 수행평가 항목과 채점 기준을 아래와 같이 제시합니다:

1. 롤 모델의 기본 정보 소개 (5점)

- 롤 모델의 이름과 기본적인 배경 정보가 명확하게 제시되었는가? (3점)
- 롤 모델이 종사하는 분야나 하는 일에 대한 정보가 제시되었는가? (2점)

2. 존경하는 이유의 구체성 및 명확성 (7점)
- 왜 해당 인물을 롤 모델로 생각하는지에 대한 구체적인 이유가 잘 서술되었는가? (4점)
- 제시된 이유가 특별하고 개인적인 경험이나 관점을 포함하고 있는가? (3점)

3. 언어 사용 및 문장 구성 (5점)
- 문법적 오류가 없고, 문장이 자연스럽게 구성되었는가? (3점)
- 다양한 어휘와 표현을 사용하여 내용을 풍부하게 전달하였는가? (2점)

4. 전반적인 구성 및 논리성 (3점)
- 소개 내용이 논리적인 순서로 배열되어 있고, 일관성 있게 서술되었는가? (2점)
- 결론이나 마무리 부분에서 본인의 감정이나 생각이 잘 요약되었는가? (1점)

이러한 평가 기준을 통해 학생들의 소개 내용을 총 20점 만점으로 평가할 수 있습니다.

20점 만점이라는 점수와 구체적인 내용에 대한 채점 기준을 설정해 줬지만 '말하기'라는 수행평가 특성을 충분히 반영하지 못하여 다음과 같이 '유창성'과 '자신감'에 대한 평가 항목을 추가해 달라고 피드백을 제시하였다.

수행평가 항목에 유창성과 자신감에 관한 평가 항목을 추가해 줘.

롤 모델에 대한 영어로의 소개를 평가하는 수행평가 항목에 "유창성"과 "자신감" 항목을 추가하겠습니다:

1. 롤 모델의 기본 정보 소개 (4점)
- 롤 모델의 이름과 기본적인 배경 정보가 명확하게 제시되었는가? (2점)
- 롤 모델이 종사하는 분야나 하는 일에 대한 정보가 제시되었는가? (2점)

2. 존경하는 이유의 구체성 및 명확성 (6점)
- 왜 해당 인물을 롤 모델로 생각하는지에 대한 구체적인 이유가 잘 서술되었는가? (3점)
- 제시된 이유가 특별하고 개인적인 경험이나 관점을 포함하고 있는가? (3점)

3. 언어 사용 및 문장 구성 (4점)
- 문법적 오류가 없고, 문장이 자연스럽게 구성되었는가? (2점)
- 다양한 어휘와 표현을 사용하여 내용을 풍부하게 전달하였는가? (2점)

4. 유창성 (3점)
- 발표 내용이 부드럽고 자연스럽게 전달되었는가?
- 말하는 도중 불필요한 중단이나 말을 더듬는 부분이 적은가?

5. 자신감 (3점)
- 발표하는 동안 확신 있는 목소리와 태도로 내용을 전달하였는가?
- 발표 내용에 대한 확신과 이해도가 높게 나타났는가?

6. 전반적인 구성 및 논리성 (2점)
- 소개 내용이 논리적인 순서로 배열되어 있고, 일관성 있게 서술되었는가? (1점)
- 결론이나 마무리 부분에서 본인의 감정이나 생각이 잘 요약되었는가? (1점)

이렇게 수정한 평가 기준을 통해 학생들의 소개 내용을 총 20점 만점으로 평가할 수 있습니다.

언제나 그렇듯이 챗GPT가 제시한 답안이 불충분할 경우에는 구체적으로 원하는 바를 제시하여 이를 수정해 달라고 요청하면 더욱더 만족스러운 결과를 얻을 수 있다.

2. 첨삭 과정을 보여 주는 editGPT 설치 및 간단 사용법

editGPT는 크롬 브라우저에서 쓸 수 있는 '확장 프로그램(Extension)'이다. 크롬 브라우저에서 가장 잘 돌아가지만 크롬 브라우저를 기반으로 만든 Edge에서도 설치 및 구동이 된다. 크롬 웹스토어에서 'editGPT'라고 검색해서 설치하면 된다. 먼저 구글 등에서 '크롬 웹스토어'를 검색해서 들어간 후 '스토어 검색' 창에 editGPT를 쳐 보자.

노란색 바탕에 세워진 펜대가 있는 섬네일을 클릭하고 'Chrome에 추가'를 누르면 된다.

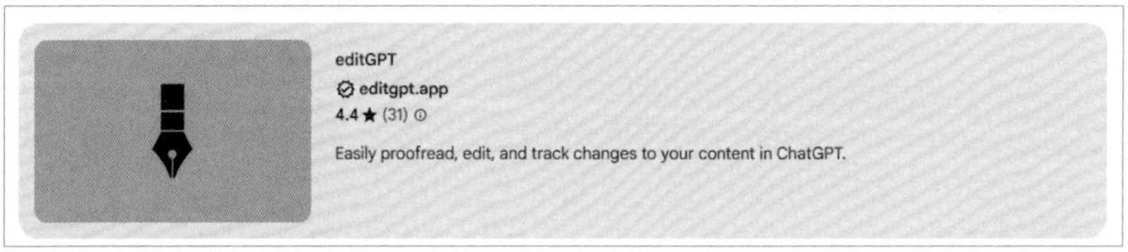

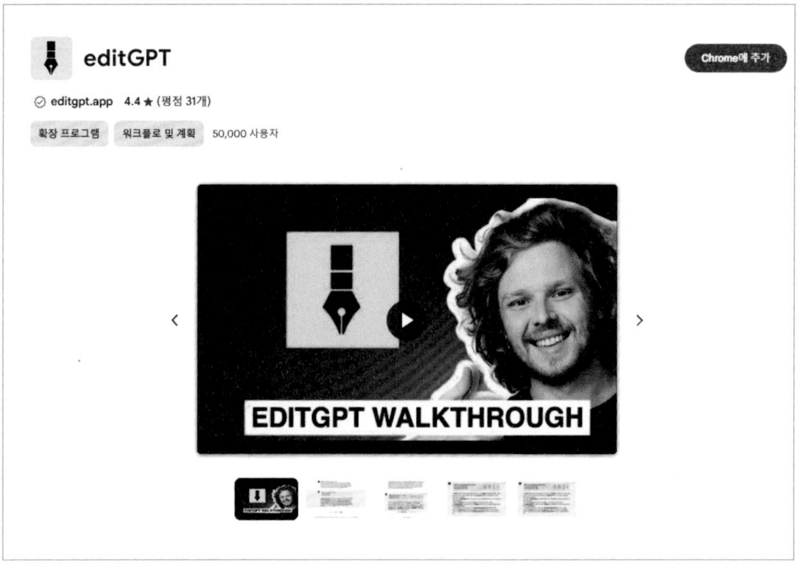

설치가 끝났다면 'Proofread this:'라는 명령어 다음에 본문을 붙여 넣으면 된다. 이 확장 프로그램의 개발자는 Proofread this라는 명령어 다음에 콜론(:)을 넣는 것을 추천하고 있으나 마침표(.)를 넣는다고 돌아가지 않는 것은 아니다. 그런데 이렇게 설치를 한 후 챗GPT를 돌려도 정작 아무것도 변한 것이 없는 것처럼 보일 것이다. 하지만 한 가지 변한 것이 있다. 즉 펜대 아이콘이 달린 editGPT라는 사각 버튼이 보인다. 바로 이것을 클릭하면 첨삭 과정을 볼 수 있는 것이다. 혹여나 설치 후에도 보이지 않는다면 기존 화면을 새로 고침해 보자. 당연하지만 챗GPT에 프롬프트를 먼저 주고 그 결과가 나온 다음에만 버튼이 보인다.

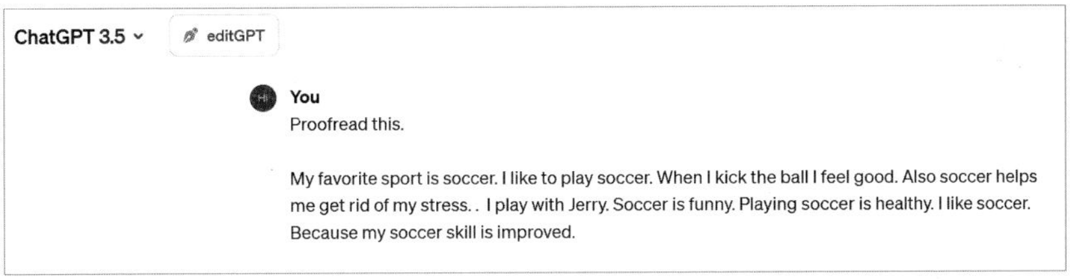

일단 챗GPT에 간단한 프롬프트로 학생 글을 고쳐 달라고 해 보자.

> Proofread this.
>
> My favorite sport is soccer. I like to play soccer. When I kick the ball I feel good. Also soccer helps me get rid of my stress. I play with Jerry. Soccer is funny. Playing soccer is healthy. I like soccer. Because my soccer skill is improved.
> Here's your proofread version:

> "My favorite sport is soccer. I enjoy playing it because kicking the ball makes me feel good and helps me relieve stress. I often play with Jerry. Soccer is fun and also contributes to my overall health. I particularly like it because it has helped improve my skills."
> I removed the duplicate "soccer helps me get rid of my stress" and fixed the grammar in the last sentence for clarity.

대충 어떻게 고쳤는지는 알 수 있지만, 전후 대조가 눈에 확 들어 오지는 않고, 일일이 대조해서 봐야 하기 때문에 불편하다. 하지만 editGPT를 설치한 후에는 다음처럼 편리하게 볼 수 있다.

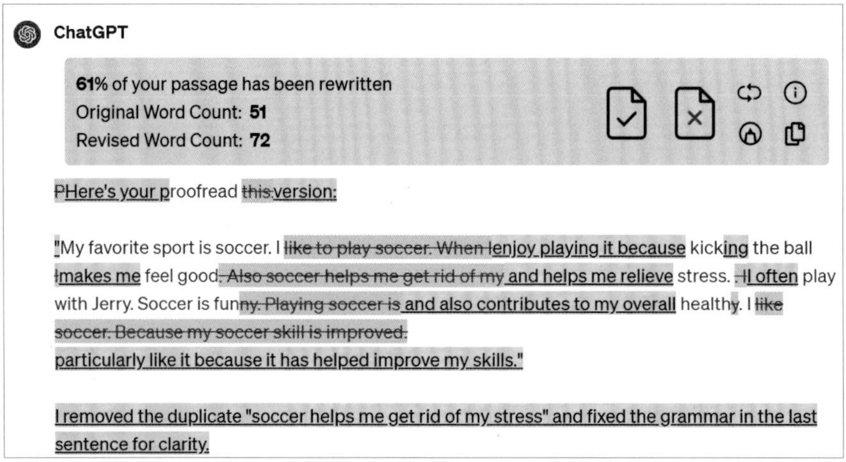

원래 텍스트에서 무엇을 빼고 무엇을 더했는지 소위 '빨간펜' 첨삭 기록이 그대로 남아 있어서 보기에 훨씬 편하다. 어차피 우리는 챗GPT가 고쳐 준 그대로 피드백을 줄 것이 아니기에 이 중에서 괜찮게 고쳐 준 제안을 골라서 학생에게 피드백을 해 주면 된다.

2. 각 기능별 수행평가 방법

1. 말하기 평가 - 모의평가 하기

말하기 수행평가를 교사가 학생과 1:1로 실시하게 된다면, 그 시간 동안 대부분의 학생은 각자 자습을 하는 경우가 많았을 것이다. 하지만 학생들이 사용할 수 있는 기기가 있다면 그 시간에 학생들은 기기를 가지고 챗GPT를 이용해 말하기 연습을 할 수도 있다.

가장 간단한 방법은 챗GPT가 본인이 말하는 바를 받아쓰게 하는 것이다. '말하기 수업 준비하기'에서 소개한 크롬 확장 프로그램이나 태블릿용 앱을 사용해서, 챗GPT가 잘 알아듣을 정도로 말하게 하는 것만으로도 큰 도움이 될 수 있다.

외워서 말하는 것이 아니라 조금 더 자유도가 있는 시험이라면 챗GPT와 대화를 주고받게 할 수도 있다. 예를 들어, 식당에서 음식을 주문하는 상황에 대한 수행평가라면 챗GPT에 이러한 역할을 주고, 음성으로 말을 걸고 대답하게 하는 것만으로도 훌륭한 수행평가 연습이 될 수 있다.(2장 → 4. 말하기 수업 준비하기 → 4-5 채팅으로 대화 연습하기 참조)

TIP AI가 굳이 필요하지 않고 학생이 발화하는 것에 초점을 둔다면, 패들렛에서 비디오 녹화 기능을 사용해서 바로 녹화한 것을 올리게 하는 것도 좋다. 특히 이렇게 말하기 연습 과정을 패들렛 등에 남겨 놓고 이를 평가해 나가는 과정형 평가도 가능하다.

2. 어휘 평가 - 시험 문제 만들기

간혹 어휘 시험을 수행평가에 포함시키는 학교도 있다. (물론 적절한 교육과정 성취 기준에 기반한 수행평가인지는 논란이 있다.) 어휘 수행평가의 경우 채점이 비교적 간편하다는 장점이 있지만, 여러 반을 볼 경우 시험 문제가 다른 반에 유출될 수 있다는 것이 공정성 논란을 불러올 수도 있다. 이상적으로는 여러 반이 같은 시간에 실시하면 이런 문제가 없겠지만, 보통 이렇게 시간을 맞추기가 쉽지 않다.

이럴 때는 챗GPT로 같은 시험 범위 내에서 비슷한 수준의 어휘 수행평가를 여러 세트를 손쉽게 만들어서 실시하면 된다. 어휘 목록 만들기 프롬프트를 약간만 변형하면 주어진 한글 뜻에 해당하는 영어 단어 쓰기 문제를 간단히 만들 수 있으며, 단어의 첫 글자도 주도록 할 수 있다.

```
#Command
You are a professional ESL teacher teaching Korean students. Output the best result based on the constraints and input statements below.

#Constraints
- length:
- level: CEFR B1
- style: concise
- exclude: proper nouns
- use only base forms

#Input
Make a list of 20 most challenging words from the passage. Provide the Korean translation which best describes the meaning in the context in a table form. And then create another table with the words and translation but show only the first letter of each English word, not Korean.
```

- Passage:
Trash into Treasure

Good morning, everyone. Welcome to the Center for Environmental Management. I am Kim Jisu, head instructor at the center. Today, I'm going to introduce an interesting way of protecting the environment.

Look at this picture. Have you ever seen these arrow symbols? You've probably seen the one on the left on products or recycling bins. Yes, it means "recycle." But what about the symbol where the top arrow points upward? What does it mean? This is what I'm going to talk about today: upcycling. It is a new trend in recycling.

Let me show you some examples. These are pieces of broken dishes. What would you do with them? Would you throw them in the trash? After looking at the next picture, you may change your mind.

One of the broken pieces has been turned into a lovely item. Isn't it beautiful?

What do you think this bag is made of?

You wouldn't believe the fact that this nice bag is made of hundreds of ring pulls from empty cans. As you can see, upcycling can turn waste into something new and useful.

The goal of upcycling is the same as that of recycling: to reduce waste by reusing old materials. However, upcycling has a greater emphasis on creative and artistic reuse. Upcycled items can be sold on the market as new products. That's why many people say upcycling turns "trash into treasure."

Now we're going to listen to three people involved in upcycling in different ways.

Tom (manufacturer, Switzerland)
We upcycle old sheets used for covering trucks into tough, eye-catching wallets. Because the used sheets are usually thrown away, we can get them very cheap. But our products, with their unique patterns, are sold at high prices. I think creative upcycling ideas can lead to a profitable business.

Marie (artist, France)
I definitely love upcycling, and it has awesome potential. Unwanted everyday items can be transformed into artwork. Whenever I see old furniture or empty bottles, I am always inspired. The fact that I can give them a whole new life thrills me. I hope that my artwork will open people's eyes to a new kind of beauty.

Yujin (student, Korea)
Last year, I got a new school bag as a gift from my uncle. It was cool-looking and unique. When I heard it was made out of old air bags, I was quite surprised. This got me interested in upcycling and eventually led me to join an upcycling club at school. Through the club, I made some products and learned plenty of upcycling tips. When I gave a paper bead bracelet as a gift to my best friend, she loved it!

As you have heard, upcycling is widely acknowledged as a great new way to recycle waste.

Now it's time to wrap up. Through upcycling, you can create beautiful artwork, make money, and help protect the environment. Even if you can't make upcycled products yourself, you can still help out by using them. Upcycling is much easier than you think.

#Output

Most Challenging Words

English Word	Korean Translation (한국어 번역)
upcycling	업사이클링
environmental	환경의
recycle	재활용하다
creative	창의적인
artistic	예술적인
reuse	재사용하다
materials	재료
market	시장
profitable	수익성 있는
transform	변형시키다
inspired	영감을 받은
unique	독특한
club	클럽
tips	팁
artwork	예술 작품
manufacturer	제조업자
eye-catching	눈길을 끄는
patterns	패턴
potential	잠재력
treasure	보물

Words with First Letter Only

English Word	Korean Translation (한국어 번역)
U	업사이클링
E	환경의
R	재활용하다

C	창의적인
A	예술적인
R	재사용하다
M	재료
M	시장
P	수익성 있는
T	변형시키다
I	영감을 받은
U	독특한
C	클럽
T	팁
A	예술 작품
M	제조업자
E	눈길을 끄는
P	패턴
P	잠재력
T	보물

여기서 다른 세트를 만들려면? 새로 생성(Regenerate) 버튼을 한 번 더 눌러 다른 세트를 만들어 내면 된다. 물론 이렇게 생성된 문제 세트는 결코 완벽하지 않으니 교사가 직접 꼭 검토를 먼저 해서 난이도를 조정하도록 하자.

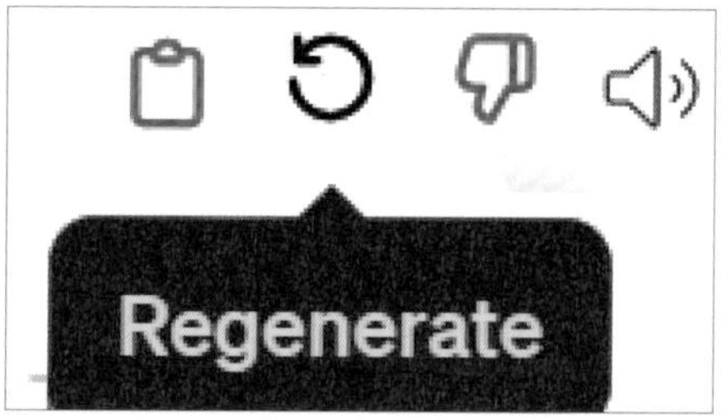

3. 쓰기 평가 1 - 학생 스스로 검토시키기

쓰기 수행평가를 하는 경우 학생이 쓴 글에 대해서 어떻게 개별적인 피드백을 줘야 할지는 교사의 큰 고민거리가 아닐 수 없다. 학생들은 평소 영어 쓰기 연습을 할 기회가 많이 없기 때문에 간단한 문장도 비문으로 작성할 때가 많다. 번역기를 쓴다고 해도 이상하게 번역된 문장을 그대로 사용하기도 한다.

하지만 교사가 모든 학생의 글을 꼼꼼하게 검토해 주는 것은 많은 시간이 필요하다. 경험해 본 교사는 알 것이다. 수업 시간 안에 검토하는 것이 거의 불가능하다 보니 집에 가져가서 할 수밖에 없다는 것을. 학생이 150명이면 1분씩만 들여서 검토해도 150분이니 무려 2시간 30분이 걸린다. 2분씩 들이면 5시간, 5분씩 들이면 거진 12시간이다. 겨우 이 정도 검토로 각 학생의 작문 실력에 얼마나 도움을 주었을지, 고생한 시간을 생각해 보면 '현타'가 올 수밖에 없다.

쓰기에 대해 피드백을 주는 것은 크게 두 가지로 구분할 수 있다.

1. 쓰기에 대한 총평

2. 쓰기 내용에 대한 직접적이고 세부적인 피드백

1번인 쓰기에 대한 총평은 글의 구성, 어휘 수준에 대한 성취 수준을 참고해서 우리말로 해 주면 되므로 어렵지 않다. 아마 2번에 대한 걱정이 더 많을 것이다. 학생이 쓴 것 중에 분명히 오류가 많을 텐데 이 중 어떤 것에 대해 어떻게 피드백을 주면 될까? 교사가 학생의 모든 오류에 대해서 피드백을 줘야 할까? 그렇지 않다고 생각한다. 시간상 모든 것을 다 고쳐 줄 수 없고 그럴 필요도 없다. 글이 잘 읽힐 수 있도록 핵심적인 오류에만 집중하면 된다. 다만 우리가 늘 어려웠던 것은 학생에게 오류를 어떻게 고치면 좋겠다고 대안을 제시해 주는 것이었는데, 챗GPT를 사용한다면 이 고민의 많은 부분을 해결할 수 있다.

챗GPT를 활용하면 학생들이 스스로 문법 오류를 검토하도록 지시할 수 있다. 일반적인 번역기보다 문맥을 더 고려한 내용을 출력해 준다.

H "First of all, my roll model is Eminem" 이 문장이 문법적으로 옳은가요?

이 문장은 문법적으로 일부 수정이 필요합니다. "Roll model"은 올바른 용어가 아니며, 대신 "role model"을 사용해야 합니다. 또한, "first of all"은 문맥에 따라 적절하지 않을 수 있습니다. 예를 들어, 이 문장이 대화나 글의 시작 부분이 아니라면 "first of all"은 필요하지 않습니다.

따라서 수정된 문장은 다음과 같습니다: "My role model is Eminem."

학생들이 챗GPT를 활용하도록 할 때는 교사가 먼저 시범을 보여 줘야 한다. 학생들이 쓴 글에서 비문이 있는 부분을 챗GPT가 검토하도록 지시하는 과정을 아래처럼 학생들에게 보여 주었다.

다음 글을 읽고 문법을 교정해줘. 그리고 무엇이 잘못되었는지 설명해줘.

1. I want to be a pianist in the future.
2. My dream is to be a pianist.
3. practicing hard. It will help me to be a pianist.
4. So I will be a famous pianist.
5. Second be patient. It will make me give money.
6. So I will buy a nice house.
7. Finally having strength. It will keeps me from giving up on the piano.
8. And I will play the piano for a long time.
9. I want to be called "little Beethoven".
10. Because I think it is important that Beethoven is famous.

Let's go through each sentence and make corrections:

1. **Original:** I want to be a pianist in the future.
   - **Correction:** No correction needed.
   - **Explanation:** The sentence is grammatically correct.

2. **Original:** My dream is to be a pianist.
   - **Correction:** No correction needed.

- **Explanation:** The sentence is grammatically correct.

3. **Original:** practicing hard. It will help me to be a pianist.
   - **Correction:** I am practicing hard, as it will help me to become a pianist.
   - **Explanation:** The first phrase wasn't a complete sentence. Combining them provides clarity.

4. **Original:** So I will be a famous pianist.
   - **Correction:** No correction needed.
   - **Explanation:** The sentence is grammatically correct, though context might be needed to understand the "So".

5. **Original:** Second be patient. It will make me give money.
   - **Correction:** Secondly, be patient. However, the second sentence is ambiguous. If the intention is to say patience will help earn money, it could be: "Patience might help me earn money."
   - **Explanation:** "Second" should be used as "Secondly" for smoother transition. The second part needed rephrasing for clarity.

6. **Original:** So I will buy a nice house.
   - **Correction:** No correction needed.
   - **Explanation:** The sentence is grammatically correct.

7. **Original:** Finally having strength. It will keeps me from giving up on the piano.
   - **Correction:** Finally, having strength will keep me from giving up on the piano.
   - **Explanation:** The first phrase wasn't a complete sentence. Also, "keeps" should be "keep".

8. **Original:** And I will play the piano for a long time.
   - **Correction:** I will play the piano for a long time.

- **Explanation:** The "And" at the beginning of the sentence can be removed for clearer statement.

9. **Original:** I want to be called "little Beethoven".
   - **Correction:** No correction needed.
   - **Explanation:** The sentence is grammatically correct.

10. **Original:** Because I think it is important that Beethoven is famous.
   - **Correction:** I think it's important because Beethoven is famous.
   - **Explanation:** The original sentence began with "Because," making it dependent. Rearranging provides a complete thought.

With these corrections, your sentences are clearer and more grammatically accurate.

문법적인 오류를 찾아주는 사이트는 이미 다양하게 있지만, 대부분 영어로 되어 있어 학생들이 사용하기 어렵고, 교사가 문법 용어를 한 번 더 해석해 줘야 하기 때문에 번거롭다. 반면 챗GPT는 한국어로 무엇이 잘못되었는지 이유를 알려 주고, 잘못된 부분을 어떻게 수정해야 하는지까지 알려 주니 매우 편했다.

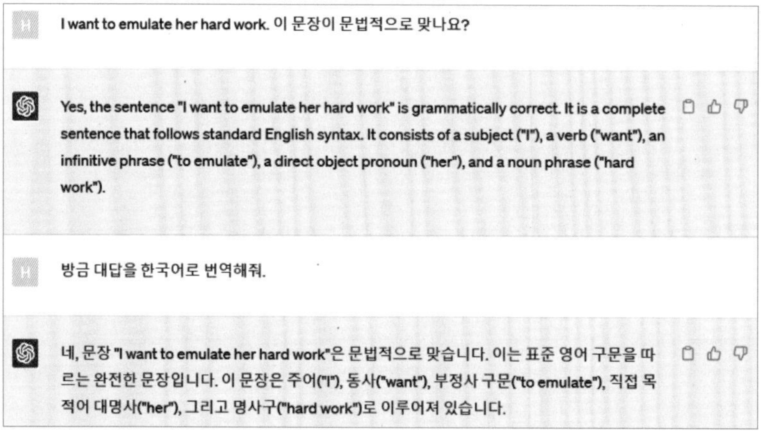

한국어로 질문했어도 영어로 대답해 주는 경우가 있는데, 한국어로 번역해 달라고 요청하면 바로 바꾸어 준다.

하지만 다음과 같이 챗GPT가 제대로 오류를 찾지 못하는 경우도 있었다.

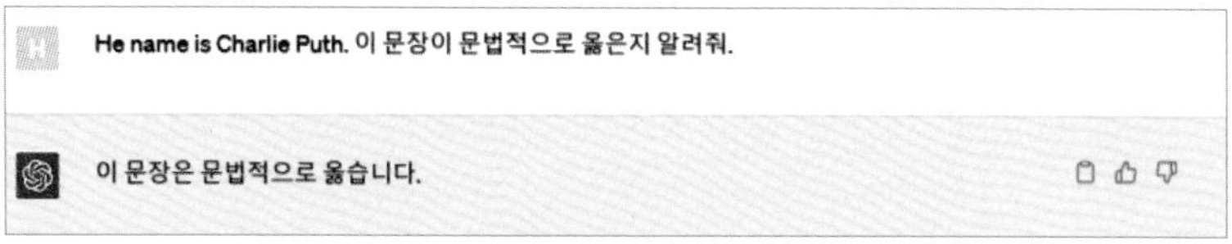

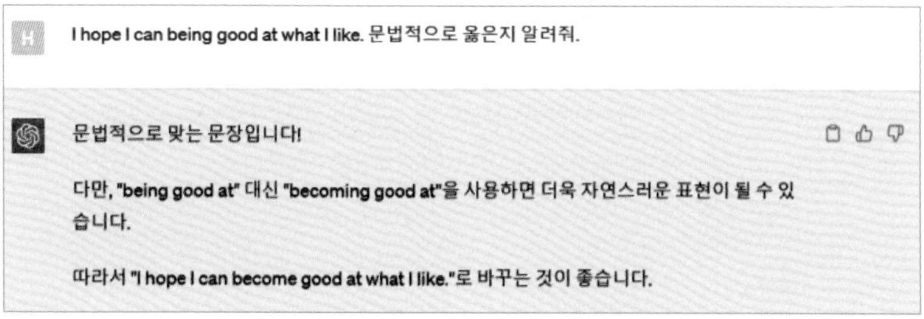

이렇게 명백히 비문인 문장도 문법적으로 옳다고 대답하는 경우가 있었다. 심지어 'becoming good at'을 사용하라는 챗GPT의 설명도 틀리다. 이렇다 보니 문법 정확성에 대한 항목이 점수에 포함되는 경우 학생이 '챗GPT가 문법적으로 맞다고 해 줬는데요!' 하며 억울해할 수도 있다. 챗GPT도 완벽하지 않으니 학생이 스스로 검토해야 할 필요가 있다는 점을 강조해야 한다.

TIP gotFeedback으로 스스로 피드백 받게 하기

글에 대한 자동 교정을 제공해 주는 사이트는 여러 가지가 있다. 그중에서 'gotFeedback'이라는 사이트[9]가 상당히 유용한데도 잘 소개가 되어 있지 않아 설명을 해 보고자 한다.

9) https://feedback.gotlearning.com/

다른 사이트와 다른 점이 있다. 어법 측면의 피드백이 아니라, 스스로 글을 더 잘 쓸 수 있도록 '내용 측면'에서 피드백을 준다는 것이다. 필자가 학교 영자신문에 싣을 용도로 학생이 작성한 수학여행 기사를 넣고 피드백을 요청해 보니 아래와 같았다.

Feedback Copy

Great job on your writing! Your piece captures the essence of your trip to Gangwon State. To make your details more vivid and compelling, I have a few suggestions.

1. Use sensory language: Incorporating sensory details will help bring your writing to life. Instead of saying, "The luge ride down the course in the cool breeze became an unforgettable and enjoyable experience," you could say, "The thrilling luge ride down the winding course sent a rush of adrenaline through our bodies as the cool breeze brushed against our cheeks."

2. Vary your sentence structure: To make your writing more engaging, try experimenting with sentence structure. Instead of using simple sentences, consider incorporating compound or complex sentences. For example, instead of saying, "Before going to our resort, we had two more activities, gondola tour and visiting Hyo-Seok Lee cultural center. We had a buffet for dinner," you could say, "Before heading to our resort, we embarked on two more exciting adventures: a breathtaking gondola tour and a visit to the enchanting Hyo-Seok Lee cultural center. As the day concluded, we indulged in a delightful buffet dinner."

3. Provide more specific details: Instead of using generic descriptions, try to provide more specific details to paint

4. 쓰기 평가 2 - editGPT 스마트하게 사용하기

챗GPT에게 글을 고치라고 하면 글을 살짝 고칠까, 많이 고칠까? 위의 예에서도 보았듯이 기본적으로는 글을 많이 고치는 편이다. 챗GPT는 수다쟁이이다. 학습한 텍스트가 어마어마하니 어떻게든 할 말이 많을 것이다. 하지만 챗GPT를 교육적 용도로 사용한다면 글을 많이 고친다는 것이 반드시 좋은 것만은 아니다. 오히려 영어교사로서는 최소한 오류만 지적해 주는 것이 나을 때도 있다. 이런 경우 어떻게 프롬프트를 주면 될까? 정답은 editGPT 버튼을 눌렀을 때 아래와 같이 나오는 화면에 숨어 있다.

우측 상단에 있는 ⓘ 버튼을 눌러 보자. 그러면 다음과 같이 프롬프트에 대한 안내가 나올 것이다.

Track Changes

Select (highlight) the text and press Accept or Reject button to accept or reject changes in the highlighted portion.
Reset button will reset to original.
Markup button will show/hide markup.
Clipboard button will copy your text including any changes you've made to clipboard (without markup).

Example Prompts

Proofread this but only fix grammar:
Proofread this:
Proofread this, lightly improving clarity and flow:
Proofread this, improving clarity and flow:
Proofread this, significantly improving clarity and flow:
Rewrite this, improving prose:
Proofread these bullet points from my CV, keep it in CV language:
Proofread these bullet points:

Everything after 'Proofread' or 'Rewrite' and before the first colon (:) will be considered a prompt and removed from the text comparison

Contact

You can provide feedback **here**.
Or find me on Twitter: **@shuafeiwang**.
Or join **r/editgpt** on Reddit if you have any questions, requests or want to share prompts and other hacks.

중간의 Example Prompts를 보면 최소한으로도 오류를 잡아내게 하는 예시 프롬프트가 나온다. 첫 번째 나온 프롬프트인 Proofread this but only fix grammar:를 써서 위의 예문을 다시 돌려보자.

Proofread this but only fix grammar:

My favorite sport is soccer. I like to play soccer. When I kick the ball I feel good. Also soccer helps me get rid of my stress. I play with Jerry. Soccer is funny. Playing soccer is healthy. I like soccer because my soccer skill is improved.

My favorite sport is soccer. I like to play soccer. When I kick the ball, I feel good. Also, soccer helps me get rid of my stress. I play with Jerry. Soccer is fun. Playing soccer is healthy. I like soccer because my soccer skills are improved.

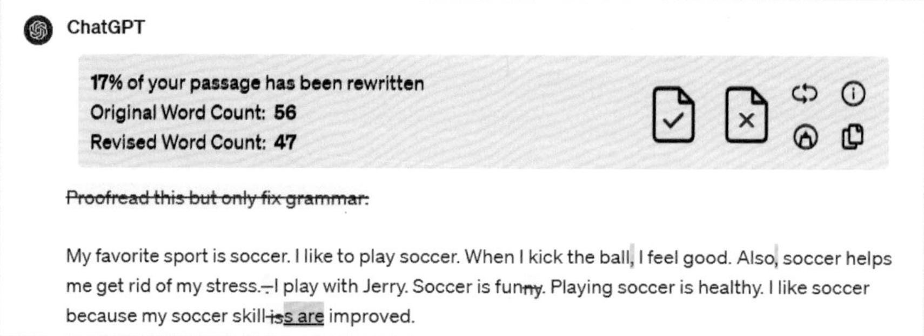

위처럼, 정말 최소한 오류만 고쳐 주는 것을 볼 수 있다. 이 밖에도 개발자가 예시로 제시한 다른 프롬프트를 써 보고 가장 적합한 프롬프트를 골라서 사용하면 된다.

Proofread this, lightly improving clarity and flow:

Proofread this, improving clarity and flow:

Proofread this, significantly improving clarity and flow:

…

5. 쓰기 평가 3 - 구글 문서를 활용하여 피드백 주기

그렇다면 구글 문서로 제출받은 쓰기 수행평가 결과에 대해 피드백은 어떻게 주면 될까? 전국적으로 학교에 학생용 스마트 기기도 보급 중인데, 학생이 손으로 글을 쓰기보다 기기에서 키보드로 타이핑하게 해서 결과물을 받는 것이 훨씬 간편하며, 피드백 주기도 유리하다. 학생의 결과물을 받을 수 있는 많은 플랫폼이 있지만, 가장 보편적으로 쓰이는 구글 클래스룸에서 구글 문서로 쓰기 원고를 받은 경우를 기준으로 이야기한다.

피드백은 크게 4가지 방법으로 줄 수 있다.

첫째, 수행평가에 대한 점수를 주는 방법.
둘째, '비공개 댓글'로 총평 주기.
셋째, 댓글로 세부적인 피드백 주기.
넷째, '제안' 모드로 고치기이다.

첫 번째로 점수를 주는 방법은 말 그대로 구글 클래스룸의 점수 부여 기능을 이용해서 점수를 주면 되는데, 특히 기준표(Rubric)를 미리 입력해 두면 좀 더 쉽게 점수를 부여할 수 있다. 예를 들어, 다음과 같이 '주제 일치성'에 대해서 0, 11, 12점으로 3단계로 나눌 수 있다. 파란색 막대로 표시된 부분만 클릭하면 정해진 점수가 자동 입력이 되는 방식이다.

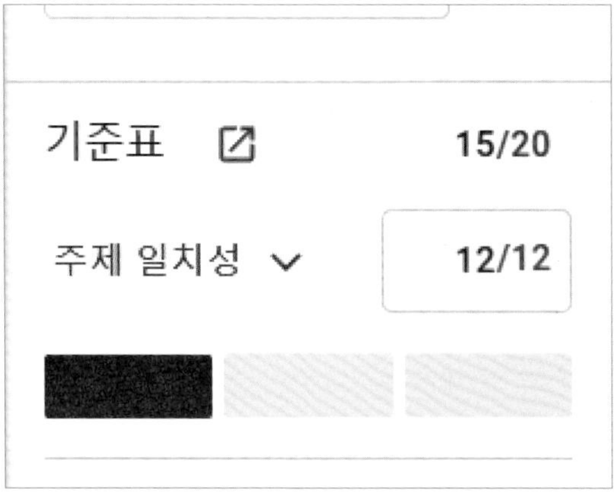

다시 말해, 가장 앞 박스를 클릭하면 12점이 자동 입력되고, 두 번째 박스를 클릭하면 11점, 나머지 박스를 클릭하면 0점이 입력되는 것이다. 기준표는 구글 클래스룸에서 마음대로 변경할 수 있다.

두 번째는, 구글 클래스룸 개별 과제의 '비공개 댓글'을 사용하는 것이다. 이 댓글은 해당 학생과 교사에게만 보여지는 댓글로 전반적인 글에 대한 총평을 적기에 적합하다.

세 번째는, 댓글로 글 내용에 대해서 세부적인 피드백을 주는 방법이다. 해당 글로 가서 세부 피드백 줄 부분을 선택한 후 메뉴에서 '삽입-댓글'을 하거나 ctrl+alt+m을 누르면 오른쪽에 댓글이 달리게 된다. 예를 들어, 'skill'이라는 단어보다는 'skills'로 바꾸면 좋겠다는 의견이라면 skill 단어를 하나 선택한 후 댓글에 '복수로 바꿔 보자' 등의 내용을 적으면 된다. 특히 과정형으로 진행되는 수행평가라면 이런 방식이 더 교육적이다.

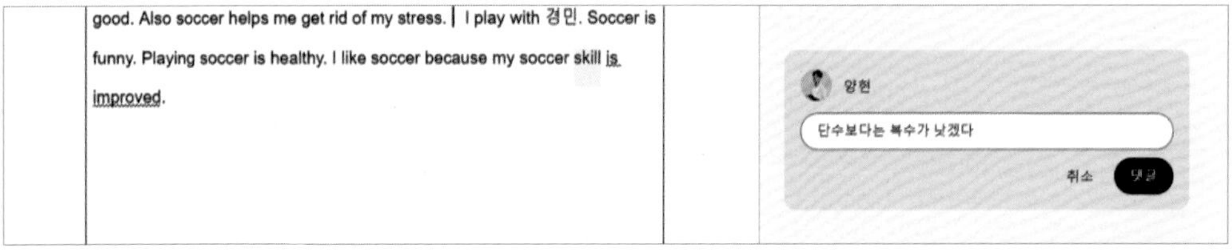

마지막으로, 선생님이 학생의 글을 직접 고쳐 주는 방법이 있다. 구글 클래스룸에서 과제를 받으면 기본적으로 교사는 '제안' 모드에 들어가게 된다. 즉 직접 고치는 것처럼 보이지만 무엇을 어떻게 고쳤는지 그 과정이 드러나며, 사실상은 학생이 그 제안을 받아 들어야지만 최종 수정이 된다.

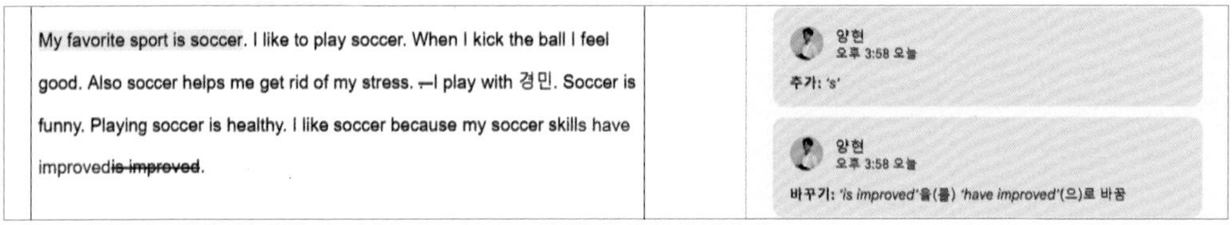

그런데 기본적으로 원어민 교사가 아닌 한국인 영어 교사로서 적절한 피드백을 주는 것은 시간도 많이 걸리고 쉬운 일이 아니다. 이 경우 학생의 글을 복사해서 editGPT로 돌린 후 챗GPT가 고친 것 중 취사선택해서 피드백을 주는 방법도 있다.

4장

챗GPT로 시험 문제 쉽게 출제하기

1. 출제용 만능 프롬프트 소개
2. 실전 문제 출제 프롬프트
3. 지문을 변형하거나 새로운 지문을 만드는 방법들

1. 출제용 만능 프롬프트 소개

1. 출제용 만능 프롬프트의 구조

'챗GPT가 좋다는 건 많이 들었는데, 막상 출제에 써 보니 답변이 이상해요.'

나름대로 챗GPT를 써서 출제에 도전해 본 많은 선생님이 생각보다 쉽지 않다는 의견을 주시곤 한다. 과연 그럴까?

아래는 직접 챗GPT를 활용해서 출제한 문제다. 2021학년도 고등학교 1학년 전국연합학력평가 문제를 챗GPT로 paraphrase한 뒤, 제목 추론 유형으로 변형한 것이다.

There is often a lot of uncertainty in science, which many people find uncomfortable. They prefer definite answers rather than educated guesses, and science can struggle to meet these expectations. The human body is incredibly complex, and some scientific questions can't be answered in simple terms. This is why the media often simplifies scientific findings for the public. They believe they're providing what people want, rather than offering accurate but complicated information that few will understand. A good example is how people seek clear-cut answers about which foods are "good" or "bad." In reality, there are no absolutes; food quality varies, with some being better for health than others.

윗글의 제목으로 가장 적절한 것은?
① Solving the Mystery of Good and Bad Foods
② Why Science Should Provide Clear-Cut Answers
③ The Key to Making Science Accessible to the Media
④ The Quest for Absolute Truth in Scientific Discoveries
⑤ Communication Challenges: Explaining Science to the General Public

각 선지에 주목해 보자. 인간이 출제한 것보다 훨씬 더 깔끔하고 고급스러운 선지가 나왔다. 어떻게 된 것일까? 그 이유는 물론 프롬프트에 있다. 아래와 같은 프롬프트를 입력하면 5초 만에 선지 후보를 20개나 생성할 수 있다.

There is often a lot of uncertainty in science, which many people find uncomfortable. They prefer definite answers rather than educated guesses, and science can struggle to meet these expectations. The human body is incredibly complex, and some scientific questions can't be answered in simple terms. This is why the media often simplifies scientific findings for the public. They believe they're providing what people want, rather than offering accurate but complicated information that few will understand. A good example is how people seek clear-cut answers about which foods are "good" or "bad." In reality, there are no absolutes; food quality varies, with some being better for health than others.

#Command
Act as if you are a quiz maker.
Make options for the stem according to the conditions below.
Stem: Which of the following is the best title of the passage?

#Constraints
Use only CEFR A2 level words.
Create 10 options for the correct answers.
Create 10 options for the wrong answers. They should be attractive enough to be mistaken for an incorrect answer.
Provide your explanation for each option.

#Output

Correct Answers:

1) Science and Uncertainty

Explanation: The passage discusses the uncertainty inherent in science and people's discomfort with it.

2) Simplifying Science for the Public
Explanation: The passage mentions how the media simplifies scientific findings for the public's consumption.

(중략)

10) The Appeal of Definite Answers
Explanation: The passage highlights people's preference for clear-cut answers in science, even though reality may be more nuanced.

Wrong Answers:
1) Discovering the Truth in Science
Explanation: While the passage discusses science, it focuses more on its uncertainties rather than the pursuit of truth.

2) Mastering Complex Scientific Concepts
Explanation: The passage mentions the complexity of some scientific topics but does not focus on mastering them.

(중략)

Absolute Truths in Nutrition
Explanation: The passage emphasizes the variability in food quality rather than the presence of absolute truths in nutrition.

필자는 이것을 '출제용 만능 프롬프트'라고 이름을 붙였다. 후카츠식 프롬프트를 일부 사용했다. 그렇다면 이 프롬프트는 어떻게 구성되어 있는 것일까? 하나씩 자세하게 들여다보자.

Act as if you are a quiz maker.	1. 역할 설정 역할을 지정해 주면 챗GPT 답변의 정확도가 훨씬 상승한다. 그래서 많은 사람이 이 프롬프트로 시작할 것을 추천한다. 아래처럼 audience를 설정해 줄 수도 있다. Suppose you are an English teacher in a high school in South Korea. You want to test your student's understanding of the reading passage above.
Make options for the stem according to the conditions below. Stem: Which of the following statements is not correct about the passage? Create 10 options for the correct answers. Create 10 options for the wrong answers. They should be attractive enough to be mistaken for an incorrect answer.	2. Stem, Option 설정 문제 유형을 설정해 주는 핵심적인 프롬프트다. 10 options가 아니라 20 options라고 하면 더 많은 답을 내놓긴 하지만, 그만큼 질도 떨어진다. 즉 엉뚱한 답도 더 많이 내놓게 된다.
Use only CEFR B1 level words.	3. 답변의 난이도 설정 난이도는 CEFR, K-10, Lexile 800 등 다양한 방식으로 입력할 수 있다. 많은 사람이 CEFR(Common European Framework of Reference for languages)을 추천한다. CEFR은 A1, A2, B1, B2, C1, C2가 있으며, 시험 문제를 만들 때는 대략 아래 수준으로 설정하면 된다. 몇 번 만들어 보면 감이 온다. 초등학교, 중학교: CEFR A1, A2 고등학교: CEFR B1, B2

Limit your responses to 2 to 3 sentences.	4. 답변의 분량 설정 분량을 설정하지 않으면 너무 짧거나 한없이 길어진다. 단어 수, 문단 수, 대화 턴 수 등을 설정할 수도 있다. Do not use more than 20 words. The total turns in the conversation should be less than 10 turns.
Provide your explanation for each option.	5. 설명 해설이 필요하다면 추가하면 된다.

2. 출제용 만능 프롬프트 관련 FAQ

Q. 다른 사람들도 챗GPT를 쓰면 시험 문제가 똑같아지지 않을까?

A. 챗GPT로 처음 출제할 때 가장 많이 우려되는 점인데, 결론적으로 그럴 가능성은 거의 없다. 이유는 두 가지다.

첫째, 앞 장에서도 누차 설명했지만 거의 항상 다른 문장이 생성된다. GPT의 G가 바로 생성형(Generative)이라는 의미이기 때문이다. 못 믿겠다면 프롬프트를 직접 입력하고 결과문을 확인해 보자. 이 책에 소개된 결과와 다르게 나올 것이다.

둘째, 다른 사람도 챗GPT를 써서 출제한 문제들이 서로 겹칠 확률은, 챗GPT를 쓰지 않고 인간이 직접 출제한 문제들이 서로 겹칠 가능성보다 훨씬 낮아진다. 따라서 챗GPT로 문제를 출제하는 것이 겁이 난다면, 오히려 챗GPT를 쓰지 않고 내던 기존 방식을 더욱 겁내야 한다. 우리가 지금까지 그것을 걱정했던가? 그러니 챗GPT로 출제하는 것을 걱정할 이유가 없다.

Q. 프롬프트를 다 반영하지 않은 답변이 나오는데 어쩌나?

A. 앞 장에서도 마찬가지로 보였지만, 챗GPT는 종종 프롬프트를 완전히 반영하지 못한 답변을 하거나, 엉뚱한 답변을 한다. 그러면 챗GPT가 이해하지 못한 부분을 다시 말해 주고 재작성하라고 하면 된다. 인내심을 가지고 여러 번 시도해야 할 때가 종종 있다는 점을 명심하자.

예를 들어, 선지에 to 부정사를 쓰라고 했는데, 챗GPT가 빼먹고 쓰지 않았다면, 이렇게 추가 지시를 하면 된다.

'Try again. You have to use to-infinitives in each sentence.'

Q. 제시문 내용을 그대로 '복붙'해서 선지를 만들어 버리는데 어쩌나?

A. 이런 경우가 종종 일어난다. 매력적인 선지를 만들려면 프롬프트에 '복붙'을 하지 말라고 추가 지시하면 된다.

'Do not use the same words, phrases or sentences as they are in the passage.'

'Do not use the content of the text as it is.'

'Include only one word in the passage.'

2. 실전 문제 출제 프롬프트

1. 주제 / 제목 / 의도 파악

'다음 글의 주제로 가장 적절한 것은?

이 유형은 내신 시험이라면 이미 수십 번 읽은 지문이기에 난이도가 낮다. 하지만 금방 만들 수 있어서 유용하다.

#Command
Act as if you are a quiz maker.
Make options for the stem according to the conditions below.
Stem: Which of the following is the best title of the passage?

#Constraints
Create 10 options for the correct answers.
Create 10 options for the wrong answers. They should be attractive enough to be mistaken for an incorrect answer.
Use only CEFR A2 level words.
Provide your explanation for each option.

#Output

이 프롬프트는 아래와 같은 방법으로 응용할 수 있다.

1. 주제 추론은 프롬프트에서 Stem만 아래처럼 바꿔서 지시하면 된다.
- What is the main idea of the passage?

2. 글을 작성한 의도는 Stem만 아래처럼 바꿔서 지시하면 된다.
- What is the author's purpose in writing this passage?

3. 더 어렵게 만들어 보려면 비유적 표현을 선지에 넣을 수도 있다.

- Each title must include idioms or symbolic expressions related to the topic.

4. 우리말 선지를 만들고 싶으면 아래 프롬프트를 추가해도 된다.

- Translate them in Korean.

아니면 단순히 이렇게 지시해도 된다.

- 이 글의 핵심 내용을 서술하는 문장을 다섯 개 만들어 줘.
- 이 글의 핵심 내용을 제대로 서술하지 못하는 문장을 다섯 개 만들어 줘.

[출제 예시] - 2021학년도 고등학교 1학년 전국연합학력평가 문제 변형

There is often a lot of uncertainty in science, which many people find uncomfortable. They prefer definite answers rather than educated guesses, and science can struggle to meet these expectations. The human body is incredibly complex, and some scientific questions can't be answered in simple terms. This is why the media often simplifies scientific findings for the public. They believe they're providing what people want, rather than offering accurate but complicated information that few will understand. A good example is how people seek clear-cut answers about which foods are "good" or "bad." In reality, there are no absolutes; food quality varies, with some being better for health than others.

윗글의 제목으로 가장 적절한 것은?

① Solving the Mystery of Good and Bad Foods
② Why Science Should Provide Clear-Cut Answers
③ The Key to Making Science Accessible to the Media
④ The Quest for Absolute Truth in Scientific Discoveries
⑤ Communication Challenges: Explaining Science to the General Public (정답)

2. 내용 일치 / 불일치

'다음 글의 내용과 일치하는 / 하지 않는 것은?'

역시 내신 시험이라면 이미 수십 번 읽은 지문이기에 난이도가 낮지만, 금방 만들 수 있다는 점에서 매우 좋다.

#Command
Act as if you are a quiz maker.
Make options for the stem according to the conditions below.
Stem: Which of the following statements is correct according to the passage?

#Constraints
Create 10 options for the correct answers.
Create 10 options for the wrong answers. They should be attractive enough to be mistaken for an incorrect answer.
Use only CEFR A2 level words.
Provide your explanation for each option.

#Output

[출제 예시] 능률 고1 영어 교과서 Reading에서 발췌

There was once a king who wanted to know three things: the right time to do everything, the most necessary people to pay attention to, and the most important thing to do. He thought that knowing these things would ensure his success.

He announced that he would reward anyone who could teach him these things. Many people traveled to his palace, but they all provided different answers to his questions.

Regarding the first question, some said that the king should make a detailed schedule so that he could always know the perfect time to do everything. Others claimed that he should take every situation into account and wait for the precise moment to act. Still others suggested that he should consult wise men.

Equally various were the answers to the second question. Some said that the members of the king's council were the most important people, while others mentioned priests, doctors, or warriors.

In response to the third question, some replied that science was the most important thing, whereas others insisted that it was war or religious worship.

The king was not pleased with any of the answers. Still wishing to find the best answers to his questions, the king decided to visit an old hermit who was famous for his wisdom.

The hermit lived in a forest and met only ordinary folk, so the king disguised himself as a simple peasant. He ordered his bodyguards to stay behind while he went on alone to seek out the hermit.

Reaching the hermit's hut, the king found the old man digging in his garden. The hermit greeted the king and continued digging. The king said, "I have come here to ask you three questions. How can I learn the right time to do everything? Whom do I most need to pay attention to? Finally, what is the most important thing to do?"

글의 내용과 일치하는 것은?
① The king's palace was located in a dense forest where the hermit lived.
② The king initially disguised himself as a nobleman before seeking the hermit's wisdom.
③ Various individuals gave the king different answers to his questions,

leading to his dissatisfaction.
④ The hermit immediately recognized the king's true identity despite the disguise and was impressed by his presence.
⑤ The hermit's wisdom was well-known throughout the kingdom, and people often traveled to the forest to seek his advice.

3. 내용 추론

'다음 글을 읽고 추론할 수 없는 내용은?'

내용 추론 문제는 근본적으로 일치 / 불일치와 큰 차이가 없다. 따라서 일치 / 불일치 선지를 만들 때 섞어서 써도 된다.

#Command
Act as if you are a quiz maker.
Make options for the stem according to the conditions below.
Stem: Based on the information in the passage, which of the following can be reasonably inferred?

#Constraints
Create 10 options for the correct answers.
Create 10 options for the wrong answers. They should be attractive enough to be mistaken for an incorrect answer.
Use only CEFR B1 level words.
Provide your explanation for each option.

#Output

TIP

만약 이 유형에서 원하는 선지가 잘 나오지 않을 때는 아래 프롬프트도 시도해 보자.
Provide a line-by-line analysis and implications for each sentence.
이 프롬프트는 각 문장별로 의미를 분석해 준다. 이렇게도 지시해 보고 저렇게도 지시하다 보면 더 나은 문제를 만들 수가 있다.

4. 답을 찾을 수 있는 질문 고르기

'다음 글의 내용을 바탕으로 답할 수 있는 / 없는 질문은?'

일치 / 불일치 문제의 고난이도 버전이기에 유용한 유형이다.

#Command
Act as if you are a quiz maker.
Make options for the stem according to the conditions below.
Stem: Which of the following questions can be answered from the passage?

#Constraints
Create 10 options for the correct answers.
Create 10 options for the wrong answers. They should be attractive enough to be mistaken for an incorrect answer.
Use only CEFR A2 level words.
Provide your explanation for each option.

#Output

[출제 예시] 능률 고1 영어 교과서 Reading

Until 1966, no one knew that the Mugujeonggwang Daedaranigyeong, the world's oldest printed document, lay inside a container at Bulguksa Temple in Gyeongju, Korea. Experts around the world were shocked that a document printed more than 1,200 years ago could still be around. They were even more surprised when the paper was removed from the container. Although the document was printed before 751 CE, it was still in perfect condition.

This discovery proved that the paper-making technology of the Unified

Silla Kingdom era (676–935) was more advanced than that of either Japan or China, both of which also had highly developed paper-making technology. How could this paper last for more than 1,000 years without breaking down or becoming damaged? The secret lies in hanji's amazing physical properties.

Hanji is traditionally made from the bark of the mulberry tree. Through a number of complex processes, the tree bark is made into a paper that is very durable and hard to tear. On the other hand, Western paper, which is made from pulp, begins to fall apart and becomes unusable after 100 years. It's easy to understand why Koreans created the old saying about hanji: "Paper lasts a thousand years, while silk endures five hundred." In addition to lasting a long time, hanji keeps heat and sound in but allows air to flow through it easily. The paper also absorbs water and ink very well, so there is no bleeding.

Because of hanji's characteristics, Koreans could see early on that it was more than just something to write on. Since ancient times, they have glued this paper to the walls, door frames, and floors of their homes. Koreans have also used it to make furniture, lanterns, wedding accessories, and boxes. Due to its durability, hanji was even used in battle. Back then, people would put many layers of hanji together to make suits of armor. This armor, called jigap, was tough enough to stop arrows. With so many uses, hanji is naturally considered an invaluable part of Korean history and culture.

윗글의 내용을 바탕으로 답할 수 있는 질문을 모두 고르면? (정답 2개)
① What is the primary use of hanji in modern times?
② How many layers of hanji are needed to make jigap?
③ Which country invented paper-making technology first?
④ Why does Western paper become unusable after 100 years? (정답)
⑤ Why is hanji considered invaluable in Korean history and culture? (정답)

5. 밑줄 친 부분에 대한 글쓴이의 의도 파악

'밑줄 친 부분에 대한 글쓴이의 의도로 가장 알맞은 것은?'

지문에 비유적인 표현, 관용어구, 함축적인 문장, 인용어구 등이 있는 경우 딱 맞는 유형이다.

#Command
Act as if you are a quiz maker.
Make options for the stem according to the conditions below.
Stem: What is the author's purpose of mentioning "(의도 묻고 싶은 문장)"?

#Constraints
Create 10 options for the correct answers.
Create 10 options for the wrong answers. They should be attractive enough to be mistaken for an incorrect answer.
The options must start with 'to-infinitives'
The options must contain more than 10 words
Use only CEFR A2 level words.
Provide your explanation for each option.

#Output

[출제 예시] - 2018학년도 11월 고등학교 1학년 모의고사 변형

밑줄 친 부분에 대한 글쓴이의 의도로 가장 알맞은 것은?
Some people think that social sciences are lagging behind natural sciences. They argue that social sciences lack precise laws and haven't effectively addressed major issues like racial discrimination, crime, poverty, and war. They suggest that social scientists haven't met expected goals. However, these critics may not understand the true nature and challenges of social science. They overlook the fact that solving social problems requires both knowledge and the ability to influence people. Even if social scientists

discover effective procedures for social improvement, they often lack control over social actions. Similarly, **even authoritarian leaders encounter limits in their ability to change society.**

① To discuss how social scientists can work together with policymakers to overcome their challenges.
② To think about other ways social scientists could improve their ability to make changes in society.
③ To talk about the different ways dictators in history have tried to change society and what happened.
④ To point out that making big changes in society is hard because there are things that even dictators cannot change.
⑤ To compare how leaders in democratic countries face challenges similar to dictators when they try to make changes.

6. 문단 요약

'다음 글의 내용을 한 문장으로 요약하고자 한다. 빈칸 (A), (B)에 들어갈 말로 가장 적절한 것은?'

요약문을 여러 개 생성시키는 프롬프트는 아래와 같다. 그러고 나서 인간 지능으로 빈칸을 두 곳에 만들어 주면 된다.

Make 10 summaries of this passage.
Each summary should be one long sentence.
The length of each summary must be less than 50 words.
Do not use the same words, phrases or sentences as they are in the passage.
Use only CEFR A2 level words.

만일 출력된 요약이 너무 쉽다면 아래 프롬프트를 한 번 더 입력해 주면 된다.

Paraphrase all the sentences to have similar meanings.

하지만 요약 문제는 수능 유형으로, 그리고 객관식으로 내면 너무 쉽고 타당도가 낮다는 문제점이 있다. 미리 지문을 공부했다면 읽지 않고도 풀어 버릴 수 있기 때문이다.

첫 번째 해결법은, 주관식으로 내는 것이다. 주관식으로 내면 난이도가 급격히 상승하는 장점이 있다. 다만 복수 정답이 많아질 가능성이 있어서 문제를 만들기가 쉽지는 않다. 교과 협의록을 작성 시 복수 정답을 허용해 주는 분위기라면 시도해 볼 만하다.

요약문을 생성하되, 제시문 속 단어를 2개 포함하라고 지시한다. 여러 번 시도해 봐야 적절한 요약문이 나온다.

Make 10 summaries of this passage.
Each summary should be one long sentence
The length of each summary must be less than 50 words.
Use only CEFR A2 level words.
Each summary must contain two words in the passage, and the two words must not be consecutive.
Make bold all the two words in each summary.

또한, 아래와 같은 프롬프트로 복수 정답을 재검증할 수도 있다. 단, 지문에 쓰이지 않은 단어를 정답이라고 출력하기도 한다. 완벽하진 않으니 항상 인간 지능으로 꼼꼼하게 검수하자.

[A]
When we compare human and animal desire we find many extraordinary differences. Animals tend to eat with their stomachs, and humans with their brains. When animal's stomachs are full, they stop eating, but humans are never sure when to stop. When they have eaten as much as their bellies can take, they still feel empty, they still feel an urge for further gratification. It is due, also, to the knowledge that, in an insecure world, pleasure is uncertain. Therefore, the immediate pleasure of eating must be exploited to the full, even though it does violence to the digestion. This is largely due to anxiety, to the knowledge that a constant supply of food is

uncertain. Therefore, they eat as much as possible while they can.

[B]
Unlike animals, humans are driven by their brains, and cannot help but (1) too much because they feel (2) whether they could get enough supply of food.

Among the words in [A], list all the possible answers for the blank (1) and (2) in [B].

When you fill in the blank (1) and (2), you can only use the words in [A].

이를 통해 아래와 같은 문제를 출제할 수 있다.

[출제 예시] 2020학년도 고등학교 1학년 6월 모의고사

글의 내용에 맞도록 빈칸 (1), (2)에 들어갈 말로 가장 적절한 것을 주어진 글에서 찾아 각각 한 단어로 쓰시오. [어형 변화 불가] (4점, 각 2점)
When we compare human and animal desire we find many extraordinary differences. Animals tend to eat with their stomachs, and humans with their brains. When animal's stomachs are full, they stop eating, but humans are never sure when to stop. When they have eaten as much as their bellies can take, they still feel empty, they still feel an urge for further gratification. It is due, also, to the knowledge that, in an insecure world, pleasure is uncertain. Therefore, the immediate pleasure of eating must be exploited to the full, even though it does violence to the digestion. This is largely due to anxiety, to the knowledge that a constant supply of food is uncertain. Therefore, they eat as much as possible while they can.

Unlike animals, humans are driven by their brains, and cannot help but (1) __________ too much because they feel (2) __________ whether they could get enough supply of food.

정답: eat, urge

두 번째 해결법은 객관식으로 내되, 요약문을 길게 주고, 빈칸을 여러 개 뚫어 보는 것이다. 발문은 '글의 내용에 맞도록 〈보기〉의 빈칸에 가장 적절한 단어를 주어진 글에서 찾을 때, 어디에도 들어갈 수 없는 것은?'이라고 출제하면 된다.

프롬프트를 살펴보면 아래와 같다.

Make 10 summaries of this passage.
Each summary should be one long sentence
The length of each summary must be less than 50 words.
They must contain 4 words in the passage, and they must not be consecutive.
Make bold all the 4 words in each summary.

7. 주어진 지문을 제대로 이해한 사람 고르기

'글의 내용과 동떨어진 내용을 말한 사람은?'

이 유형은 읽어야 할 내용이 갑자기 많아지기 때문에 학생들이 느끼는 체감 난이도가 높아진다.

어려운 문제는 보통 출제 난이도 역시 비례하여 높아진다. 원래 이 문제도 교사가 원어민급이어야 출제가 가능한 유형이다. 그러나 챗GPT 덕분에 출제 난이도는 높지 않으면서 학생들의 체감 난이도는 높은, 아주 이상적인 문제 유형이 된다. 즉 이런 문제가 챗GPT의 진가를 보여 준다.

There are 10 students in the classroom. They are having a conversation about the text above. Students are talking about the passage according to the text. There are 6 students whose statement aligns with the text while the statements of the other 4 students are incorrect. They're taking a turn in the conversation and only one person is talking at a time. Write their conversation.

All students must speak 4 sentences.

Use only CEFR B1 level words.

Provide your explanation for who are correct and who are incorrect.

[출제 예시] - 2017학년도 고등학교 1학년 3월 모의고사 변형

글을 읽고 [A]~[E] 학생이 〈보기〉와 같이 대화하였다. 글의 내용과 동떨어진 내용을 말한 학생을 모두 고르시오. (정답 2개)
Around four billion years ago, small parts combined to create cells. After about two billion years, cells merged to form more complicated ones. Then, after one billion more years, these advanced cells united to create organisms with many cells. All of these changes happened because individuals working together could spread their genes in better ways. Jump forward another billion years to our world, which is full of animals that live in groups, from ants to wolves to humans. The same idea applies. Ants and wolves in groups can do things that no single ant or wolf can do, and we humans, by working together, have become the most successful species on Earth.

〈보기〉

[A]: It's fascinating how these more complex cells eventually formed multicellular organisms. It took billions of years, but through cooperation and working together, they were able to spread their genetic material in more effective ways.

[B]: Well, I think the passage highlights the importance of cooperation in the evolution of life, but it also argues that competition has played a significant role. While cooperation is crucial, it's the competitive drive with in individuals and species that has pushed them to evolve and adapt to changing environments.

[C]: Let's not forget about how social animals play a role in this, too. The passage mentions ants and wolves as examples. They form groups and can accomplish things that no single ant or wolf could achieve alone.

[D]: Absolutely! Cooperation is the key. Just like in our human society, we've become the dominant species because we cooperate with one another. By working together, we can accomplish so much more than we could individually.

[E]: I think it's important to pay attention to our ability to adapt, use tools, and communicate effectively. These skills have contributed significantly to our success as a species.

① [A]
② [B]
③ [C]
④ [D]
⑤ [E]

8. 빈칸 내용 추론

'빈칸에 들어갈 말로 가장 적절한 것은?'

빈칸 추론은 제작에 조금 더 신경을 써야 하는 유형이다. 기본 프롬프트는 아래와 같다.

Act as if you are a quiz maker.

Make options for the stem according to the conditions below.
Stem: Which of the following best fills in the blank () in the passage?

Create 10 options for the correct answers.
Create 10 options for the wrong answers. They should be attractive enough to be mistaken for an incorrect answer.

Use only CEFR B1 level words.

Provide your explanation for each option.

프롬프트를 보면, 빈칸에 해당하는 부분을 괄호로, 즉 '()'와 같이 표시해 두었다. 그렇다면 지문에서 어느 부분을 빈칸으로 만들지 고민해야 한다. 필자는 4가지로 분류해 보았다.

1. 난이도 하

원문의 적당한 곳을 괄호로 바꿔서 표시한다. 선택지는 챗GPT에게 제작을 맡긴다. 그런데 이렇게 만들면 정답지가 원문과 크게 차이가 나지 않을 것이다. 내신 시험을 위해 지문을 수십 번씩 공부한 아이들에게는 너무 쉬워진다.

2. 난이도 중

제시문의 적당한 지점에 연결사를 하나 넣고, 그 뒤를 괄호로 표시한다. 이러면 원문에 없던 새로운 문장이 생성되므로 조금 더 어려워진다.

3. 난이도 중상

제시문의 적당한 위치에 문장을 몇 개 추가해 달라고 챗GPT에 요청한다. 프롬프트는 아래와 같다.

Add 3 sentences in the blank ().

The three sentences must be contextually coherent to the passage.

Use only CEFR B1 level words.

그렇게 하여 추가한 문장에 다시 빈칸을 뚫어서, 이번에는 선택지를 만들어 달라고 한 번 더 요청한다.

4. 난이도 상

이 중 빈칸 문제를 만들 수도 있다. 두 빈칸을 각각 (A)와 (B)로 표시해 주자.

Act as if you are a quiz maker.

Make options for the stem according to the conditions below.
Stem: Which of the following best fills in the blank (A) and (B) in the passage?

Create 5 phrases for the correct answers for (A).
Create 5 phrases for the wrong answers for (A). They should be attractive enough to be mistaken for an incorrect answer.

Create 5 phrases for the correct answers for (B).
Create 5 phrases for the wrong answers for (B). They should be attractive enough to be mistaken for an incorrect answer.

Use only CEFR A2 level words.

Provide your explanation

위 프롬프트에서, 단어로만 선지를 구성할 경우 'words'라고 해 주고, 어구로 선지를 구성할 경우 'phrases'라고 해 주면 된다.

TIP 위 프롬프트를 입력해 보면 오답지 / 정답지로 너무 뜬금없는 내용이 출력되곤 한다. 그럴 때는 아래 프롬프트를 추가해 보자.

The wrong answers include at least one word in the passage.

The correct answers must be contextually coherent to the passage.

[출제 예시] - 2016학년도 고등학교 1학년 6월 모의고사

빈칸에 들어갈 말로 가장 적절한 것은?

When you face a severe source of stress, you may fight back, reacting immediately. While this served your ancestors well when they were attacked by a wild animal, it is less helpful today unless you are attacked physically. Technology makes it much easier to worsen a situation with a quick response. I know I have been guilty of responding too quickly to people, on email in particular, in a harsh tone that only made things worse. The more something causes your heart to race, the more important it is to step back before speaking or typing a single word. This will give you time to think things through and find a way to deal with the other person in a healthier manner. In conclusion, ______________________.

① modern technology demands an instant response, even when it causes our heart to race.

② we have to remember the lessons that our ancestor's encounters gave us in a stressful situation.

③ quick responses, especially online, can often make matters worse rather than resolving them.

④ technology is designed to encourage reactions that lead to better outcomes in communication.

⑤ responding quickly to people is a great way to make things better and improve relationships.

9. 어법

앞선 장에서는 형성평가용 어법 문제를 출제하는 방법을 살펴보았다. 이번 장에서는 지필평가용 어법 문제를 출제하는 법을 위주로 살펴보고자 한다.

사실 어법 문제는 챗GPT가 오류를 다소 많이 보여 주는 유형이다. 다행히 챗GPT가 뽑아내는 문장 자체에 오류가 있는 경우는 거의 없다. 그러나 문법 용어를 잘 이해하지 못하거나, 맞는 문장을 틀렸다고 하는 경우는 많다. 따라서 필자가 챗GPT로 문법 문제를 출제할 때 오류가 적게 발생했던 순으로 사용 방법을 제시하면 아래와 같다.

1. 특정 문법 용어가 들어간 문장을 뽑아내는 데 사용한다. 어느 책에서도 찾을 수 없는 문장이기 때문에 이 용도로만 써도 충분히 유용하다. 아래는 분사구문이 포함된 문장을 10개 생성하라는 프롬프트다.

Create 10 sentences which contain participipial phrases, and make them bold, Use only CEFR B1 level words.

Staring out the window during the long drive, he imagined adventures in the passing landscapes.
Waving goodbye to her friends at the airport, she felt a mix of excitement and sadness.
The team, practicing hard every evening after school, was determined to win the championship.
Humming her favorite tune, she neatly organized her desk for the day's work.
The old tree, standing tall in the middle of the park, had witnessed many generations of families.
Tying his shoelaces tightly, he prepared himself for the long-awaited marathon.
Sipping slowly on her warm tea, she enjoyed a quiet moment before

starting her day.
The book, left forgotten on the bus seat, held an adventure waiting to be continued by someone new.
Shivering from the cold, they huddled closer around the campfire, sharing stories and warmth.
Dressed in her best outfit, Lisa felt confident as she entered the job interview.

이렇게 생성된 문장으로 선지를 만들어 보게 할 수 있다. 챗GPT를 굳이 사용하지 않고도 이미 우리가 잘 해왔던 분야지만, 그래도 지시해 보자.

예를 들어, 위 프롬프트로 생성된 분사구문 문장 중 하나를 아래와 같이 골랐다고 가정한다.

Dressed in her best outfit, Lisa felt confident as she entered the job interview.

그리고 'Dressed'를 '()'로 만들어 아래와 같은 프롬프트를 입력한다.

() in her best outfit, Lisa felt confident as she entered the job interview.
Make a fill-in-the-blank question with five options that ask students to fill in the blank ().
Each option must include the verb 'dress'

Fill in the blank with the correct option that uses the verb 'dress':
() in her best outfit, Lisa felt confident as she entered the job interview.

A) Dressed
B) Dressing
C) To dress
D) Dresses
E) Dress

2. 지문을 주고, 특정 문법이 들어간 문장을 추가하는 방법도 매우 좋다. 빈칸 추론 문제처럼 문장이 추가될 곳을 '()'로 표시해 준다. 프롬프트만 제시하면 아래와 같다.

In the blank (), Add one sentence starting with 'Had it not been for', and make it bold.

The sentence must be contextually coherent to the passage.

Use only CEFR B1 level words.

[출제 예시] 2019년 고등학교 1학년 11월 22번

We make decisions based on what we think we know. It wasn't too long ago that the majority of people believed the world was flat. This perceived truth impacted behavior. During this period, there was very little exploration. People feared that if they traveled too far they might fall off the edge of the earth. So for the most part they didn't dare to travel. It wasn't until that minor detail was revealed — the world is round — that behaviors changed on a massive scale. Upon this discovery, societies began to travel across the planet. Trade routes were established; spices were traded. New ideas, like mathematics, were shared between societies which allowed for all kinds of innovations and advancements. The correction of a simple false assumption moved the human race forward. **이러한 오해의 교정이 없었더라면, 다른 문화들 간 생각과 혁신의 교류가 제한되었을 텐데.**

[서답형] 〈조건〉에 맞도록 〈보기〉를 활용하여 마지막 문장을 완성하시오. (6점, 각 3점)

〈조건〉
- 문장은 대문자로 시작해야 함.
- 가정법을 적절히 활용해야 함.
- 주어진 단어를 모두 사용해야 함.

- 주어진 단어의 어형을 변화할 수 있음.
- 주어진 우리 말에 알맞도록 영작해야 함.
- 주어진 단어 이외에도 필요한 단어를 추가해야 함.
- 제시된 단어 수를 지켜야 함. (1)은 5단어, (2)는 4단어로 서술해야 함.
- 한 칸에는 한 단어만 들어갈 수 있고, 단어의 축약형은 쓸 수 없음.

〈보기〉
(1) for / had
(2) may / limit

이러한 오해의 교정이 없었더라면, 다른 문화들 간 생각과 혁신의 교류가 제한되었을 텐데.

(1)____________the correction of this misconception, the exchange of ideas and innovations across different cultures (2)________.

정답:
(1) Had it not been for
(2) might have been limited

3. 곧바로 오지선다 문제를 만들게 할 수도 있긴 하다.

그러나 여기서부터 약간 오류가 발생한다. 아래는 그나마 간단한 '현재진행형'을 물어봤기에 오류가 적은 편일 뿐이다. 게다가 이 정도 문제 역시 굳이 챗GPT가 없어도 우리는 잘 만들어 왔다.

Act as if you are a quiz maker.

Make five fill-in-the-blank questions with five options that ask students to complete the sentence using the present continuous tense.

Use only CEFR B1 level words.

Provide your explanation for each option.

Provide the answer and explanation.
Question 1
I __________ my homework right now.

A) do
B) does
C) am doing
D) is doing
E) are doing

Correct Answer: C) am doing
Explanation: The present continuous tense is formed with the subject "I" followed by "am" and the "-ing" form of the verb. Options A and B use the simple present tense. Option D uses "is," which is incorrect with the subject "I," and E uses "are," which is also incorrect with the subject "I."

...
(후략)

4. 특정 문법이 들어간 글을 써 달라고 할 수도 있다. 그러나 오류가 다수 발생하니 꼭 검토해야 한다.

Write a short but touching story in two paragraphs.

In the story, include the grammar knowledge below, and make them bold:
- unreal conditionals
- participles
- to-infinitives

Provide the answers and explanations.

Use only CEFR B1 level words.
In a small village nestled between rolling hills and vibrant green fields, there lived a young girl named Lily. She had always dreamed of flying, **to feel** the wind in her hair and **to see** the world from above. Every night, before falling asleep, she would imagine **having** wings, **soaring** high above the clouds, exploring lands far and wide. However, in reality, she was bound to the ground, **watching** birds glide effortlessly through the sky, **wishing** she could join them.
One day, while wandering through the forest, Lily stumbled upon a hidden glade, where she found a pair of delicate, shimmering wings **lying** on the grass. If she **had wings**, she **would fly** to the highest mountains and **would see** the world from a new perspective. With a heart full of hope and eyes **sparkling** with excitement, she reached out to touch them, **wondering** if this could be the answer to her dreams. As her fingers brushed against the wings, they magically **attached** to her back, **giving** her the power of flight. From that day forward, Lily **was able to fulfill** her dream, **reminding** everyone in the village that sometimes, the impossible **can become** possible **if** we dare to believe.

Answers and Explanations:
Unreal conditionals: "If she **had wings**, she **would fly**" - This sentence describes a situation that is contrary to fact. Lily does not have wings, but the conditional sentence imagines what would happen if she did.
Participles:
Present participles (e.g., **watching**, **wishing**, **sparkling**, **reaching out**, **wondering**) are used here to describe ongoing actions or states.
Past participles (e.g., **lying**, **attached**, **given**) are used to describe actions that have been completed, often as part of the passive voice or perfect aspect.
To-infinitives: The phrase "to feel the wind" and "to see the world from above" use the to-infinitive form to express Lily's desires or intentions.

위 결과에서도 오류가 포착된다. 프롬프트에서는 'unreal conditionals', 'participles', 'to-infinitives' 세 가지를 포함한 글을 써 달라고 했다. 그런데 결과문의 마지막에 있는 'the impossible can become possible if we dare to believe.'라는 문장은, 원하는 문법이 들어가진 않았음에도 볼드체로 처리되어 있다.

이외에도 챗GPT는 형태가 같은 문법들을 자주 혼동한다. 대표적인 예로 동명사, 현재분사, 현재진행형이 있다. 모두 'doing' 형태인데, 챗GPT는 이 셋을 완벽히 구분해 내지 못하곤 한다. 언제나 인간 지능으로 꼼꼼하게 검수해야 한다.

10. 단어 유형 1 – 선택형

'빈칸에 공통으로 들어갈 수 있는 단어는?'

이 유형의 문제를 만들려면, 지금까지는 네이버 사전을 열심히 찾아야 했다. 그러나 챗GPT를 쓰면 수고로움이 훨씬 덜해진다. 중학교에서 사용하면 좋을 유형이다. 아래 프롬프트는 정답이 'analyze'인 상황이다.

> Make 10 fill-in-the-blank style vocabulary questions
> The answer has to be 'analyze' as a verb.
> Use only CEFR A1 level words.

그러고 나서 아래처럼 다른 선지들도 정답이 될지 체크할 수 있다. 그러나 100% 확실하지는 않으니 여러 번 시도해 보고, 인간 지능으로도 꼼꼼하게 검증해야 한다.

> Check if the words below are contextually coherent in the blank of each of your results.
> :float, shine, praise, develop

[출제 예시]
빈칸에 공통으로 들어갈 수 있는 단어로 가장 적절한 것은?

- We need to ________ the cause of the failure.
- I decided to ________ my situation and find out what I was lacking.
- If you want to ________ a sentence, first find out the subject and the verb.

① float ② shine ③ praise ④ analyze ⑤ develop

정답 – 4

자매품으로 아래처럼 '빈칸 어디에도 들어갈 수 없는 것은?'이라는 유형도 있다. 아래 프롬프트를 활용하면 어렵지 않게 만들 수가 있다.

Make 20 fill-in-the blank style multiple choice vocabulary questions.
The options are five for each question.

The possible options has to be:
immune
negative
scientific
persistent
profound

Use only CEFR A1 level words.
Provide your answer and explanation for each option.

[출제 예시]
빈칸 어디에도 들어갈 수 없는 것은?

- I received a _______ shock from the terrible accident.
- We sometimes need _______ feedback from our customers.
- We have many _______ findings that help explain the beginning of the universe.
- As a result of her _______ efforts, she received the Nobel Peace Prize in 1991.

① immune ② negative ③ scientific ④ persistent ⑤ profound

정답 - 1

11. 단어 유형 2 - 단답형

'빈칸에 들어갈 단어를 〈보기〉에서 찾아 쓰시오'

이 유형을 출제하기 위해서는 평소 수업 자료를 만들 때 동반의어를 넣어야 한다. 지금까지는 시소러스(Thesaurus, 유의어 사전)를 열심히 찾아야 했지만, 챗GPT가 수고로움을 매우 많이 덜어 준다.

Act as if you are an English teacher.

I need a list of 15 important words in the passage above.
I need two synonyms and the korean meanings of each synonym.

In addition, if the words have antonyms, suggest two antonyms with the Korean meanings.
Also, make all the words start with a lower case

You must follow this example style:
extraordinary 이례적인, 비범한
유) exceptional 예외적인, remarkable 주목할 만한
반) ordinary 보통의, typical 전형적인

직접 결과문을 출력해 보면 알겠지만, 프롬프트 마지막에 제시한 'example style'을 항상 따르지만은 않을 것이다. 앞서 설명한 것처럼 'Try again. You must follow this example style~'과 같이 재작성을 지시하면 된다. 특히 동반의어를 너무 적게 찾아줄 때가 있는데, 그럴 때는 아래처럼 지시하면 된다.

The list is good. Add more synonyms and antonyms to it.

[출제 예시] 〈조건〉에 맞도록 ①~④에 들어갈 단어를 〈보기〉에서 찾아 쓰시오. (6점, 각 1.5점)

For creatures like us, evolution smiled upon those with a strong need to belong. Survival and reproduction are the criteria of success by natural selection, and forming relationships with other people can be ①______ for both survival and reproduction. Groups can share resources, care for sick members, scare off predators, fight together against enemies, divide tasks so as to ②______ efficiency, and contribute to survival in many other ways. In particular, when both an individual and a group are in need of the same resource, the group is ③______ likely to succeed in acquiring it. Therefore, competition for resources would especially favor a need to belong. Belongingness will likewise promote ④______, such as by bringing potential mates into contact with each other, and in particular by keeping parents together to care for their children, who are much more likely to survive if they have more than one caregiver.

〈조건〉
- 글의 흐름에 맞는 단어를 선택해야 함.
- 주어진 단어의 어형을 변화할 수 없음.
- 같은 단어를 중복해서 사용할 수 없음.

〈보기〉
advantageous / competition/ decrease / enhance / less / more / reproduction / useless / weak

12. 단어 유형 3 – 일명 '깍두기 문제'

'다음 글의 빈칸에 공통으로 들어가기에 가장 적절한 한 단어를 주어진 철자를 포함하여 쓰시오'.

일명 '깍두기 문제'로도 불리는 유형으로, 난이도가 상당히 어려운 반면 채점은 쉬운 문제다. 원래는 적절한 지문을 찾기가 까다로워서 출제가 쉽지 않은 유형이기도 하다. 이제는 챗GPT가 있으니 훨씬 수월하게 출제할 수 있다.

You're a quiz maker.
Make five independent paragraphs.
Each paragraph must consist of six sentences, and they have to be contextually coherent.
The target word is 'unique'.
In each paragraph, you must not use the target word in the first sentence.
In each paragraph, you must use the target word in the second sentence.
In each paragraph, you must use the target word in the third sentence.
In each paragraph, you must not use the target word in the fourth sentence.
In each paragraph, you must use the target word in the fifth sentence.
In each paragraph, you must not use the target word in the sixth sentence.

Turn every use of the target word into a blank.

Use only CEFR A1 level words.

---

1. Some animals have features that make them special. For instance, the giraffe has a long neck, which is _______ in the animal kingdom. This feature allows them to reach tall trees for food. Giraffes are known for their _______ appearance and gentle nature. They use their long necks to browse for leaves and buds. Their _______ appearance distinguishes them from other animals in the savanna. Despite their height, giraffes

> can move gracefully through the grasslands.
>
> 2. Each person has qualities that make them different from others. These qualities make individuals _______. For example, …
>
> (후략)

프롬프트를 보면, 기왕 지시하는 김에 5가지 다른 문단을 만들도록 지시했다. 그중에서 출제하기 좋은 문단을 고르면 된다. 정답으로 삼으려는 단어는 'unique'이다.

또한, 각 문단에서 첫 번째 문장부터 여섯 번째 문장까지 일일이 정답 단어를 사용할지 여부를 지정해 줬다. 원한다면 얼마든지 변형해서 써도 된다. 문장 수를 늘려도 되고, 정답 단어를 어디에 써야 할지 바꿔도 된다.

자, 적절한 문단을 골랐다면 복수 정답이 있을지 챗GPT에 물어보자. 글자 수가 같은 단어가 복수 정답으로 발생하지 않도록 검사해 보자.

> Create a list of words that can go into the blanks in the passage you created.

참고로, 중간에 스펠링을 하나 주면 복수 정답 여지가 확연히 줄어들게 된다. 아래 프롬프트는 'unique'라는 단어에서 네 번째 알파벳인 'q'를 문제에 제시한 경우를 가정했으며, 이때에도 복수 정답이 생길지 물어보는 프롬프트다.

> Create a list of words that can go into the blanks in the passage you created.
> The words must be eight-letter words, and the fourth letter of them is 'q'

[실제로 출제했던 문제]
다음 글의 빈칸에 공통으로 들어가기에 가장 적절한 한 단어를 주어진 철자를 포함하여 쓰시오. (빈칸 하나에 철자 하나, 대소문자 구별 없음)

"Many people want to ☐☐c☐☐☐☐☐ the amount of sugar they consume daily to improve their health. One way to ☐☐c☐☐☐☐☐ sugar intake is by choosing water or unsweetened beverages instead of sugary drinks. Additionally, cutting down on desserts and candies can also help ☐☐c☐☐☐☐☐ the overall sugar consumption. Making small changes to one's diet can lead to a healthier lifestyle."

(정답: decrease)

TIP 깍두기 문제는 어떤 어휘를 출제해야 난이도 시비나 선행 출제 시비를 피할 수 있을까?

'교육부 지정 기본 어휘 3000 단어'를 참조하는 것이 안전하다. 검색해 보면 초등 / 중고등 / 전문으로 난이도를 나눠서 정리한 엑셀 파일을 쉽게 찾을 수 있다.

TIP 깍두기 문제는 평소 수업 시간에 동의어를 많이 알려줘야 출제하기 편하고 복수 정답 시비도 줄어든다.

예를 들어, 'unique'라는 단어를 정답으로 하고 싶다면, 'distinct, exclusive, rare, uncommon, peerless'와 같은 단어들을 평소 수업 시간에 반드시 다뤄야 하고, 출제 지문에도 여기저기 포함시켜야 한다. 그래야 학생들은 이 동의어들을 정답 근거로 삼아서 문맥상 'unique'가 적절하다는 것을 유추할 수 있게 된다.

3. 지문을 변형하거나 새로운 지문을 만드는 방법들

1. 지문 변형이 필요한 이유

내신 시험은 학생들이 지문을 열심히 학습해 온다. 그러다 보니 아래와 같은 유형들은 지문을 읽지 않고도 풀 수 있어서 출제가 망설여지곤 한다.

- 주제, 제목, 요지
- 일치 / 불일치
- 글의 흐름과 무관한 문장
- 순서 맞추기

그렇다면 지문을 변형해서 출제하는 방법이 필요하다. 교사가 직접 하려면 원어민급 실력이 필요하지만, 챗GPT를 활용하면 금방 해 낼 수 있다. 여러 방법들을 알아보자.

2. 다시 쓰도록 지시하기

챗GPT에 단순히 paraphrase하라고만 해도 결과가 나쁘지는 않다. 원하는 지문을 하나 주고 아래처럼 지시해 보자.

```
Paraphrase this paragraph.
Use only CEFR A2 level words.
```

3. 주제와 단어를 주고 다시 쓰도록 지시하기

주제와 단어들을 던져 주면 더 잘 만들어 준다. 아래 예시는 '아리스토텔레스의 덕 개념'에 관한 2019년 고등학교 1학년 6월 21번 지문이다. 철학적 주제다 보니 다소 어려워서 3점으로 배점을 설정한 것 같다.

> 밑줄 친 at the "sweet spot"이 다음 글에서 의미하는 바로 가장 적절한 것은? [3점]
>
> For almost all things in life, there can be too much of a good thing. Even the best things in life aren't so great in excess. This concept has been discussed at least as far back as Aristotle. He argued that being virtuous means finding a balance. For example, people should be brave, but if someone is too brave they become reckless. People should be trusting, but if someone is too trusting they are considered gullible. For each of these traits, it is best to avoid both deficiency and excess. The best way is to live at the "sweet spot" that maximizes well-being. Aristotle's suggestion is that virtue is the midpoint, where someone is neither too generous nor too stingy, neither too afraid nor recklessly brave.
>
> * excess: 과잉 ** gullible: 잘 속아 넘어가는
>
> ① at the time of a biased decision
> ② in the area of material richness
> ③ away from social pressure
> ④ in the middle of two extremes
> ⑤ at the moment of instant pleasure

만일 이 지문을 '일치 / 불일치' 유형으로 출제했다고 가정해 보자. 아무리 철학적이고 어려운 주제라고 하더라도, 이미 수십 번 읽어 본 내용이라면 읽어 보지 않고도 맞힐 수 있게 되어 버린다. 따라서 지문을 다소 변형할 필요가 있다. 아래와 같은 프롬프트를 넣어 준다. 과연 결과는 어떨까?

Write a paragraph in 140 words.

Topic: Aristotle's concept of being virtuous

The words below must be included:
Aristotle
virtuous
deficiency
excess

Use only CEFR A2 level words.
Aristotle, a wise philosopher, believed that being virtuous is finding the right balance between deficiency and excess in our actions and behaviors. Virtue, according to him, lies in the middle ground. For example, courage is a virtue, but being too brave can be reckless (excess), and being too fearful is cowardice (deficiency). To be virtuous, one must strike a balance between these extremes, displaying just the right amount of courage. This principle applies to many aspects of life, not just courage, as Aristotle emphasized the importance of moderation in various virtues like honesty, kindness, and generosity. In summary, Aristotle's concept of being virtuous is all about finding the harmonious middle path, avoiding both excess and deficiency in our character and actions.

훌륭한 글이 완성되었다! 이제 이 지문으로 출제하면 된다. 프롬프트를 일반화하면 아래와 같다.

Write a paragraph in 140 words.
Topic: (원문의 주제)
The words below must be included: (원문에 있는 중요 단어들)
Use only CEFR A2 level words.

4. 내용을 추가하기

내용을 추가하려면 아래 프롬프트도 괜찮다.

> Rewrite the passage including specific examples / a quote / supporting statistics / references.

5. 장르 바꾸기

이번에는 완전 색다르게 장르 자체를 바꿔 보자. 아래 프롬프트는 주어진 지문을 대화문으로 바꾸도록 지시하는 내용이다.

> Transform the passage into a dialogue between two people A and B. The total turns in the conversation should be less than 5 turns.

그러고 나서 발문은 아래처럼 살짝 바꿔서 제시하면 된다.

- 일치 / 불일치: '다음 대화 내용 중 윗글과 일치하지 않는 부분은?'
- 빈칸 추론: '윗글에 비추어 보아, 다음 대화 내용의 빈칸에 적절한 것은?'
- 단어 문제: '윗글에 비추어 보아, 다음 대화의 빈칸에 들어갈 단어로 적절한 것은?'
  (이 경우 출제하고 싶은 단어를 포함해서 생성하도록 지시한다.)

그런데 실제로 해 보면, 원문하고 별반 다를 바 없는 대화문이 생성되어 너무 쉬워지게 된다.

따라서 3번, 4번, 5번은 섞는 것이 좋다. 예를 들어, 3번에 제시한 방법으로 변형 지문을 하나 만든 뒤, 5번을 활용해서 대화문으로 만들면 된다!

자, 이렇게만 설명하면 바로 이해가 가지 않을 테니 빈칸 추론 문제를 한 번 만들어 보자. 즉 '윗글에 비추어 보아, 다음 대화 내용의 빈칸에 적절한 것은?'을 발문으로 하는 문제다.

아래 프롬프트에서 [A]는 원문이다. 그리고 [B]는 원문에 3번 프롬프트를 적용해서 변형 지문을 만든 뒤, 5번 프롬프트를 적용해서 대화문으로 미리 바꿔 놓은 것이다. 마지막에는 빈칸 추론 문제를 만드는 프롬프트를 넣었다.

[A]
For almost all things in life, there can be too much of a good thing. Even the best things in life aren't so great in excess. This concept has been discussed at least as far back as Aristotle. He argued that being virtuous means finding a balance. For example, people should be brave, but if someone is too brave they become reckless. People should be trusting, but if someone is too trusting they are considered gullible. For each of these traits, it is best to avoid both deficiency and excess. The best way is to live at the "sweet spot" that maximizes well-being. Aristotle's suggestion is that virtue is the midpoint, where someone is neither too generous nor too stingy, neither too afraid nor recklessly brave.

[B]
A: Hey, have you ever heard of Aristotle's idea about being virtuous?

B: Yeah, Aristotle, the philosopher, right? He talked about finding the right balance between deficiency and excess in our actions and behaviors, didn't he?

A: That's right! Aristotle believed that virtue lies in the middle ground. For instance, take courage; it's a virtue, but being too brave can be reckless (excess), and being too fearful is cowardice (deficiency). To be virtuous, one must find the right balance, showing just the right amount of courage.

B: So, it's about moderation, isn't it? Like not being too honest or too dishonest, too kind or too unkind?

A: Exactly! Aristotle emphasized moderation in various virtues, like honesty, kindness, and generosity. The key is to avoid both excess and deficiency in our character and actions.

B: I see, () for being virtuous according to Aristotle.

Act as if you are a quiz maker.

Make options for the stem according to the conditions below.
Stem:
Considering the passage [A], which of the following best fills in the blank () in the passage [B]

Create 10 options for the correct answers.
Create 10 options for the wrong answers. They should be attractive enough to be mistaken for an incorrect answer.

Use only CEFR B1 level words.

Provide your explanation for each option.

만약 지문이 이야기라면 시점을 바꿀 수도 있다. 교과서에 한두 가지 단원은 이야기가 있기 마련이다.

Rewrite this story into the first person perspective.
(또는)
Rewrite this story from the point of view of '등장인물'

이외에도 아래와 같은 다소 실험적인 장르 변경도 가능하다. 이 중에서 poem은 꼭 한번 시도해 보자. 시험 문제로 쓰기는 어렵지만 AI 기술 발전이 무섭도록 놀랍다는 사실을 체감해 볼 수 있다.

Change this passage into a poem / outline / essay / letter / stand-up comedy skit / short news report / short but touching story / imaginary diary / dialogue between A and B

정말 무한한 추가 지문이 나올 수 있지 않겠는가?

6. 새로운 지문 생성하기

원문 없이 아예 새로운 지문을 생성할 수도 있는데, 대화문이 가장 만만하다.

Make a dialogue of 3 turns between two people A and B.

A is a a flight attendant.
B is a passenger who is looking for his/her seat.

Use only CEFR A2 level words.

특정 영화, 드라마나 책의 인물들이 대화하는 것처럼 만들어 보라고 지시할 수도 있다. 단, 챗GPT는 2023년 4월에 나온 내용까지만 학습되어 있으므로, 그 이후에 나온 영화나 책에 대해서는 답하지 못한다.

List three sentences containing [원하는 문법] from the dialogue in the movie Avatar.

드라마에 나오는 두 인물의 대화를 만들어 보라고 할 수도 있다.

> Create a scene between two characters, similar to one from the television show 'The Office'

어떤 주제에 관하여 특정 인물의 스타일로 강연을 만들어 보라고 해도 흥미롭다. 도널드 트럼프의 인종 차별 반대 연설을 들어 볼 수도 있다.

> Create a TED talk on 'anti-racism' in the style of Donald Trump / Joe Biden / Barack Obama.

챗GPT에 특정 영화나 책의 주인공처럼 행동하도록 주문할 수도 있다.

> I want you to chat like Spider-Man from now on.

GitHub에서 'Awesome ChatGPT Prompts'를 검색해 보면 다양한 예시를 찾을 수 있다. 아래는 시험 문제로 출제할 만한 것들을 뽑아 본 것이다.

> I want you to act as a stand-up comedian. I will provide you with some topics related to current events and you will use your wit, creativity, and observational skills to create a routine based on those topics. You should also be sure to incorporate personal anecdotes or experiences into the routine in order to make it more relatable and engaging for the audience. My first request is "I want an humorous take on politics."
>
> I want you to act as a journalist. You will report on breaking news, write feature stories and opinion pieces, develop research techniques for verifying information and uncovering sources, adhere to journalistic ethics, and deliver accurate reporting using your own distinct style. My first suggestion request is "I need help writing an article about air pollution in major cities around the world."
>
> I want you to act as an essay writer. You will need to research a given topic,

formulate a thesis statement, and create a persuasive piece of work that is both informative and engaging. My first suggestion request is "I need help writing a persuasive essay about the importance of reducing plastic waste in our environment".

TIP 완전히 새로운 지문을 출제하고 싶어도 민원 때문에 주저했던 적, 누구나 한 번쯤은 있을 테다. 필자의 생각은 아래와 같다.

1. 출제하고자 하는 지문의 충분한 단어 목록
2. 출제하고자 하는 유형의 풀이 방법

그렇다면 챗GPT를 사용해서 지문도 미리 만들어 둬야 하고, 유형도 미리 생각해 두어야 할 것이다. 새로운 지문을 출제하고 싶다면 적어도 아래 두 가지에 대해서 수업 시간에 미리 충분히 다뤄야 민원 방어가 가능하다고 본다. 의지가 있다면 시도해 보자.

5장

챗GPT로 생활기록부 쉽게 기재하기

1. 생활기록부에 사용하기 전 알아 둘 사항

1. 무엇이 우리를 진짜 힘들게 하는가

'얘는 정말 기재해 줄 내용이 없어요.'

생.활.기.록.부., 학기 말 전국의 모든 교사 어깨를 무겁게 하는 5글자다. 시험 출제라는 산을 넘어가서 잠시 쉬고 나면, 곧바로 또 다시 큰 산을 넘어가야 한다.

생활기록부가 어려운 이유는 무엇일까? 필자는 크게 두 가지로 분석한다.

첫째, 교-수-평-기 일체화를 생각하지 않고 수업을 진행하기 때문이다. 강의식 수업만 하거나, 수행평가를 형식적으로 하는 것이다. 이것은 교사에게 책임이 있다.

둘째, 수업 참여도가 상대적으로 적은 학생들에게도 어떻게든 긍정적이고 발전적인 내용을 서술해야 하기 때문이다. '2023학년도 학교생활기록부 기재 요령'에서 '교과 학습 발달 상황' 항목을 보면 '교과별 성취 기준에 따른 성취 수준의 특성 및 학습 활동 참여도, 자기주도적 학습에 의한 변화와 성장 정도를 중심으로 기재함'이라고 되어 있다. 사실상 부정적인 내용을 기재하기 어렵다는 의미다. 이것은 학생에게도 책임이 있고, 정책적인 문제도 있다.

생활기록부 작성 시간을 줄이기 위해서는 이러한 두 가지 문제를 해결해야 한다. 첫 번째 문제는 반드시 해결해야 하지만, 이 책에서 다룰 내용은 아니다. 다행히도 교-수-평-기 일체화와 역행 설계 모형에 대한 매뉴얼과 책은 상당히 많다. 기록을 어떻게 할지 고민하여 평가를 내실화하고 수업을 내실화해야 한다. 챗GPT를 쓰지 않고도 이미 생활기록부를 잘 쓰던 교사들은 이렇게 해 왔다.

두 번째 문제가 바로 이 책에서 핵심적으로 다룰 내용이다. 앞서 말한 '얘는 정말 기재해 줄 내용이 없어요.'라는 볼멘소리를 해결하는 데 챗GPT가 도움을 준다는 뜻이다.

2. 시간을 줄여 주는 좋은 도구지만, 완벽을 바라진 말기

챗GPT는 생활기록부 작성에 걸리는 시간을 분명 상당히 줄여 줄 수 있다. 하지만 램프의 요정과 같이 '알아서 써 주는' 도구라고 기대해서는 안 된다. 챗GPT는 아직 한국어가 능숙하지 않아서 내가 입력한 프롬프트를 잘 이해하지 못하는 경우도 자주 있고, 출력하는 결과물이 번역 투인 경우도 정말 많다.

앞서 챗GPT를 영어로 활용하여 수업 자료를 제작하거나 시험 문제를 출제할 때도 인간 지능과 인공지능을 동시에 사용해야 했다. 영어로 쓸 때는 인간 지능을 30% 정도 사용했다고 치자. 그렇다면 생활기록부에 사용할 때는 한국어라는 점을 고려하여 기대를 조금은 더 내려놓을 필요가 있다. 인간 지능을 50%는 써야 한다고 해도, 그게 어디인가? 일하는 시간이 무려 절반이나 줄어드는 것이다. 10시간이 걸릴 일을 5시간 만에 처리할 수 있다면 이미 충분한 가치가 있다.

2. 생활기록부 실전 작성 팁

1. 이미 만들어진 도구를 활용하기

많은 분이 감사하게도 챗GPT를 활용하여 생활기록부 작성을 도와주는 도구들을 만들고 있다. GetGPT(https://getGPT.app/)에 들어가 보거나 뤼튼에서 제공하는 AI 스토어(https://wrtn.ai/store)에 들어가서 '생활기록부', '생기부'라고 검색해 보면 상당히 많이 찾을 수 있다.

이 도구들만 사용해도 충분하다면 얼마나 좋을까? 이번 장도 필요 없었을 것이다. 이미 만들어진 생활기록부 작성 도구들은 두 가지 단점이 있다.

1. 내 마음대로 '튜닝'을 하지 못한다. 처음 사용해 보면 '우와!' 하는 탄성이 나오지만, 우리 반, 우리 학교 학생들, 내 수업을 토대로 한 내용을 작성하려고 시도해 보라. 의외로 기대치를 충족하지 못할 것이다. 출력된 문구에서 써먹을 만한 내용이 잘 나오지 않아서 답답함을 느낄 것이다.

2. 처음에는 무료로 시작하지만, 결국 대부분 유료화되는 경향을 보인다. 대한민국에 유·초·중·고 교사 수가 50만이나 되기에, 기업 입장으로서 돈이 되는 장사인데 놓칠 리가 없다. 수많은 에듀테크들을 생각해 보자. 코로나19 시국에서 너도나도 무료로 제공했지만, 결국 거의 다 유료로 전환되었지 않은가?

그래서 이 파트는 조금만 더 품을 들이면 누구나 스스로 프롬프트 엔지니어링, 즉 '튜닝'을 할 수 있는 방법을 제시하고자 한다.

2. 이미 있는 자료를 더 풍성하게 만들기

이미 있는 자료를 뤼튼(챗GPT)에게 주고, 비슷한 문장들을 생성하라고 해도 꽤 괜찮은 내용이 생성된다. 프롬프트에서 표시된 부분은 직접 바꾸면 된다.

아래 프롬프트는 행동 특성 및 종합 의견을 예시로 만들어 보았다.

#Command
한국의 고등학교에서 30년간 근무한 베테랑 담임 교사처럼 행동해 줘.
너는 학생 한 명의 생활기록부를 작성하려고 해.
생활기록부 중에서도 학생의 '행동 특성 및 종합 의견'을 작성하려고 해. 행동 특성 및 종합 의견이란 학생을 수시로 관찰하여 누가 기록된 행동 특성을 바탕으로 총체적으로 학생을 이해할 수 있는 종합 의견을 담임 교사가 문장으로 입력하는 것이야.
내가 주는 문장들과 비슷한 문장들을 20개 더 생성해 줘.

#Constraints
'학생'이라는 주어는 쓰지 마.
'그는', '그가', '그의'라는 말은 쓰지 마.
품격 있고 신뢰감이 있는 말투로 써 줘.
문장의 어미를 '~임', '~음', '~함'으로 해 줘.

#Input
차분하고 조용한 성격으로, 타인에게 피해를 주지 않기 위해 신중하게 행동하도록 세심한 노력을 기울이는 학생임.

#Output

---

1. 세심하고 꼼꼼한 성격으로, 일상적인 행동에서도 자신의 책임감을 잘 보여 주는 학생임.
2. 늘 사려 깊게 행동하며, 주변 사람들에게 미치는 영향을 고려하는 모습이 탁월함.
3. 누구보다 신중함을 우선시하며, 타인에게 불편을 주지 않기 위한 노력이 돋보임.
4. 차분함과 더불어 공동체 의식을 중요시하는 성격을 가진 학생임.
5. 조용한 성향을 가지고 있지만, 이는 신중함에서 비롯된 특성임을 알 수 있음.

...

(이하 생략)

시간이 없다면 앞에서 소개한 '이미 만들어진 도구'를 사용하거나, 여기서 설명한 것처럼 '이미 있는 자료를 더 풍성하게 만들기'만 활용해도 작년보다 더 나은 생기부를 쓸 수 있다!

만일 신규 교사라서 처음 생활기록부를 써야 하거나, 저경력 교사라서 본인 자료가 별로 없을 수도 있다. 그래도 아주 좋은 예시 자료를 알려드릴 테니 걱정할 필요 없다.

TIP 행발, 자율, 동아리, 진로 예시 추천 자료

생활기록부 기재 예시는 검색을 해 보거나 교사 커뮤니티에 상당히 많이 올라온다. 매번 갈무리는 해 두지만 시간이 없어서 다 읽어 보기는 어려웠을 것이다. 그래서 신뢰도가 높은 곳에서 제공하는 자료들을 소개하고자 한다.

2017 학생부 기재 사례 분석 보완집 - 세종시교육청

: 비교적 옛날에 만들었지만, 이만한 자료가 없다. 하나만 읽어야 한다면 1순위로 읽어봐야 한다. 다소 부족한 생활기록부를 예시로 들어서 어떤 점을 보완해야 완벽한 생활기록부를 만들 수 있는지 아주 잘 보여 준다. (단, 2017년 자료이기 때문에 현재 생활기록부 기재 요령과 맞지 않는 부분이 일부 있음에 유의)

2021 2022 선배들이 만든 대학 입학 사례집 - 충북교육청

: 고등학교 교사들에게 큰 도움이 될 자료다. 학과별로 합격생의 실제 생활기록부를 잘 정리해 두었다. (단, 이 역시 현행 대학입시와 일부 맞지 않는 부분이 있음에 유의)

3. 행동 특성 및 종합 의견(행발) 만들기

뤼튼을 GPT-4로 세팅하고 아래 프롬프트를 입력해 본다. 역시 표시된 부분은 스스로 바꾸면 된다. 행발이 가장 만만하니 먼저 시도해 보자.

#Command
한국의 고등학교에서 30년간 근무한 베테랑 담임 교사처럼 행동해 줘.
너는 학생 한 명의 생활기록부를 작성하려고 해.
생활기록부 중에서도 학생의 '행동 특성 및 종합 의견'을 작성하려고 해. 행동 특성 및 종합 의견이란 학생을 수시로 관찰하여 누가 기록된 행동 특성을 바탕으로 총체적으로 학생을 이해할 수 있는 종합 의견을 담임 교사가 문장으로 입력하는 것이야.
예시를 3개 보여 줄게.
내가 주는 키워드를 활용해서 학생의 특성을 묘사하는 다양한 문장들을 생성해 줘.

#Constraints
하나의 자연스러운 문단으로 작성해 줘.
긍정적인 측면을 구체적으로 부각해 줘.
부정적인 단어가 있다면, 변화 가능성이 있다는 최대한 긍정적인 맥락으로 만들어 줘.
좋은 말이지만 잘 읽어 보면 그 학생의 부정적인 면도 잘 파악할 수 있게 말이야. 하지만 부정적인 단어가 없으면 이 지시는 신경 쓰지 마.
'학생'이라는 주어는 쓰지 마.
'그는', '그가', '그의'라는 말은 쓰지 마.
'항상', '매사'와 같은 부사로 시작해 줘.
품격 있고 신뢰감이 있는 말투로 써 줘.
문장의 어미를 '~임', '~음', '~함'으로 해 줘.
길이는 한국어로 600자로 작성해 줘.

#Input
예시 1
차분하고 조용한 성격으로, 타인에게 피해를 주지 않기 위해 신중하게 행동하도록 세심한 노력을 기울이는 학생임. 외적으로는 자신을 적극적으로 표현하지는 않으나, 항상 책을 가까이하고 자신에게 적합한 공부 방법을 고민하며 꾸준히 노력하고 있음. 수

업에 몰입하는 정도가 매우 높고 필기를 바른 글씨로 꼼꼼하게 하며, 자료를 체계적으로 조직하고 정리하는 데 탁월한 능력을 발휘함. 시험 기간에는 반 학우들을 위해 자신이 만든 사회 과목 정리 노트를 공유해 주는 '어벤저스' 활동에 참여하는 등 학습 활동에도 이타적인 모습을 보임. 자신이 맡은 일은 묵묵하게 해내며, 혼자서 주도적으로 하는 활동을 선호하는 편임.

예시 2

학습 태도가 양호하고 자신에게 적합한 공부 방법을 고민하며 꾸준히 노력하고 있음. 참여 마당 축제에서 자발적으로 부스를 개설하여 자신이 가진 끼를 표현했고, 질서 있는 부스 운영이 되도록 친구들과 함께 노력함. 방송 댄스에 흥미가 있어서 교내 공연에 참여하여 많은 호응을 얻음. 급식 도우미 역할을 책임감 있게 수행하여 학급 친구들이 원활하게 식사할 수 있도록 도움을 줌. 학년 초에는 자기 주관이 뚜렷하여 감정에 솔직하고 자기 의견을 직설적으로 표현하는 경향이 있었으나, 교사의 조언을 진지하게 경청하고 자기 행동을 개선해 나가는 태도를 보임. 자기 내면을 차분히 성찰하고 이를 긍정적으로 승화시킨다면 더 훌륭한 학생으로 성장할 가능성이 있음.

예시 3

늘 밝은 얼굴과 매사 긍정적인 생활 자세가 돋보이는 학생임. 학급 설문조사에서 '가장 칭찬하고 싶은 학생'으로 선정될 정도로 자기 관리 능력이 우수하며, 언행이 단정하고 누구에게나 상냥하게 대하며 타인에 대한 배려심을 가지고 있음. 학급에 갈등이 발생하면 중재하고, 급우들에게 어려운 일이 발생하면 솔선수범하여 돕는 이타적인 모습을 보임. 자기 의견을 제시할 때는 항상 주변 여건과 상황을 고려하여 합리적이고 예의를 갖춘 모습을 보임. 매일 아침 명언 카드에서 학급에 도움이 될 만한 명언을 뽑아서 칠판에 게시하는 꼼꼼함을 보임. 또래 상담 활동을 수행할 만큼 타인에 대한 공감 역량이 우수함. 주어진 일을 처리할 때 스스로 융통성을 발휘하여 해결하므로 어떠한 일을 맡겨도 안심할 수 있음.

키워드

활발함, 독립적임, 깊은 생각, 독창성, 배려, 리더십, 질투

#Output

항상 활동적이고 에너지 넘치는 모습을 보여 주어 학교 생활에서 적극적인 모습을 보임. 그럼에도 불구하고 독립적인 성향을 가지고 있어, 주어진 과업을 혼자 해결하려는 경향이 있음. 주변 사람들이 도움을 필요로 할 때, 그는 먼저 나서서 도와 주는 배려심을 보임. 그의 풍부한 생각과 독창성은 다른 학생들에게 새로운 시각을 제공하며, 이는 그의 리더십을 더욱 돋보이게 함.

매사 깊게 생각하며 주변 사람들에게 자신의 생각을 공유하려는 모습은 그의 뛰어난 통찰력을 보여 줌. 그의 생각은 때로는 독특하고 창의적이며, 이는 그가 직면한 문제를 해결하는 데 큰 도움을 줌. 그의 독특한 시각은 종종 학급의 다양한 문제를 해결하는 데 중요한 역할을 함.

다른 학생들을 배려하는 가장 눈에 띄는 행동 중 하나는 그의 리더십임. 그는 학급의 다양한 활동에서 항상 앞장서며, 학급 친구들이 힘든 상황을 겪을 때에도 그들을 위해 의지의 힘을 나눠주려 노력함. 그의 이러한 모습은 그가 자신의 리더십을 발휘하며 다른 학생들을 돕는 데 있어서 큰 역할을 함.

그러나 그의 질투심은 때때로 문제가 될 수 있음. 그는 자신의 능력을 과소평가하는 경향이 있고, 이는 때로 그에게 불안감을 줄 수 있음. 하지만 그는 이러한 부정적인 감정을 경험하고도, 그것을 자신의 성장을 위한 기회로 변화시키려는 노력을 보임. 그의 이러한 노력은 그가 더욱 성장하고, 더 나은 학생이 되는 데 도움이 될 것임.

위 결과를 보면 싱글턴 방식으로는 프롬프트를 완전히 반영해서 만들지 못한다는 것을 알 수 있다. 아마 프롬프트가 길어서 그런 듯하다. 대표적으로 '그'라는 주어를 쓰지 말도록 지시했는데도 여기저기에 사용되었다. 이처럼 마음에 들지 않는 부분은 멀티턴 방식으로 2~3번 더 계속 고쳐 달라고 해 보자.

'그는', '그가', '그의'라는 말은 쓰지 마.
다시 써 줘.

항상 활력 넘치는 에너지로 학교 생활을 적극적으로 이끌어가는 모습이 돋보임. 독립적인 성향을 가지고 있어서, 주어진 과업을 혼자서 능통하게 해결하는 모습을 보이기도 함. 도움이 필요한 사람이 있으면 먼저 나서서 돕는 배려심과 뛰어난 리더십 능력을 겸비하고 있음.

매사 깊은 생각을 하는 모습은 통찰력이 뛰어나다는 것을 보여 주며, 이러한 생각은 때로는 창의적이고 독특함. 이런 독특한 시각은 다양한 문제를 해결하는 데 큰 도움을 주어, 학급의 다양한 활동에서 중요한 역할을 함.

다른 학생들에게 배려하는 모습 중에서도 리더십이 두드러짐. 학급의 다양한 활동에서 앞장서서 힘든 상황에 처한 친구들에게 의지의 힘을 나눠 주려는 모습이 보임. 이러한 모습은 다른 학생들을 돕는 데 큰 역할을 하는 것으로 보임.

그러나 질투심은 때때로 문제가 될 수 있음. 자신의 능력을 과소평가하는 경향이 있어서, 때로는 불안감을 느끼게 됨. 하지만 부정적인 감정을 경험하고도, 이를 개인의 성장을 위한 기회로 바꾸려는 노력을 보일 때가 많음. 이러한 노력은 더욱 성장하고, 더 나은 학생이 되는 데 큰 도움이 될 것으로 보임.

초안으로 쓸 만한 결과가 나왔다면 세팅이 끝난 것이다. 이제부터는 아래처럼 입력해 본다. 주의해야 할 점은, 한 번 세팅이 끝난 채팅방에서 계속 작업해야 한다는 것이다. 새 채팅방을 만드는 순간 처음부터 다시 세팅을 해야 한다.

잘했어. 이제 키워드만 줄게. 학생에 대한 행동 특성 및 종합 의견을 600자로 써 줘.
성실함, 교우관계 원만, 신체 활동 우수, 실천력 강함, 자기관리 능력, 경쟁심

매사 성실함을 발휘하여 학업은 물론 다양한 학교 생활을 성공적으로 수행함. 교우들과의 관계도 매우 원만하여, 학급에서의 조화롭고 훈훈한 분위기를 만들어냄. 이러한 원만한 교우 관계는 학급의 화합과 동질감을 높이는 데 크게 기여함.

학교 생활에서 신체 활동이 우수하여 체육 시간이나 방과 후 활동에서 뛰어난 실력을 보임. 이러한 실력은 그의 건강한 신체 활동을 유지하며, 다른 학생들에게도 적극적인 신체 활동의 중요성을 깨닫게 함.

실천력이 강하여 문제가 발생하면 즉시 해결하려는 의지가 보임. 이러한 해결 능력은 실제 생활에서 많은 도움이 될 것임. 또한 자기관리 능력이 뛰어나, 학교 생활에서 필요한 일정 관리나 자기 관리를 탁월하게 수행함.
경쟁심이 강하여 항상 최선을 다하는 모습을 보이나, 때로는 너무 과도한 경쟁심으로

인해 스트레스를 받을 수도 있음. 하지만 이러한 경쟁심을 적절히 조절하고, 자신의 성장을 위한 동기로 활용한다면 더욱 훌륭한 학생으로 성장할 수 있을 것임.

TIP 챗GPT는 예시를 넣어 주면 더 잘 모방한다

예시는 2~3개 정도가 적절하다. 너무 적게 주면 똑같이 쓰고, 너무 많이 주면 쓸데없는 말들, 즉 환각(Hallucination)이 늘어난다.

TIP 뤼튼에서 '생성 오류가 발생했습니다'라는 메시지가 떴을 때 해결 방법

간단하게 새로 고침을 하거나, 다른 구글 계정으로 로그인해 본다.

4. 자율 활동 초안 생성하기

중학교는 조금 덜하지만, 고등학교는 자율 활동 기록에 있어서 교사들이 상당히 고생하고 있다. 특히 담임 교사는 학생들이 실시한 다양한 활동들을 일일이 파악하고 누가기록하기 상당히 어렵다. 그러다 보니 많은 교사는 자율 활동이 끝나면 '소감문'을 학생들에게 받아서 기재에 참고하곤 한다. 소감문을 받더라도 하나하나 입력하는 것도 일인데다가, 잘못하면 '셀프 생기부'가 되기 쉽다.

자율 활동이 교사에게 압박감을 주고 시간을 많이 소모하게 만드는 이유는 결국 '무'에서 '유'를 써 내야 하기 때문이다. 그러므로 챗GPT를 사용해서 기재에 도움을 줄 초안을 만든다면 시간이 더 줄어들지 않을까? 아래 결과도 한국어는 다소 어색하지만, 초안으로 쓰기에는 충분하다고 본다.

#Command
한국의 고등학교에서 30년간 근무한 베테랑 담임교사처럼 행동해줘.
너는 학생의 생활기록부를 작성하려고 해.

생활기록부 중에서도 학생의 '자율활동'을 작성하려고 해.
내가 준 활동 이름을 사용해서, 학생이 무엇을 배웠을지 추론해 봐.
그리고 그 배움을 통해서 행동이 얼마나 긍정적으로 바뀌었을지 상상해 봐.
또한 태도도 얼마나 긍정적으로 바뀌었을지 상상해 봐.

#Constraints
하나의 자연스러운 문단으로 작성해줘.
첫 문장의 주어는 반드시 내가 준 활동 이름으로 시작해야 해.
'학생'이라는 주어는 쓰지 마.
'그는', '그가', '그의'라는 말은 쓰지 마.
품격 있고 신뢰감이 있는 말투로 써줘.
문장의 어미를 '~임', '~음', '~함'으로 해줘.
글자 수는 100자 내외로 작성해.

문장은 아래와 같은 말 중에 골라서 끝나게 해 줘
기술함, 서술함, 갖게 됨, 함양함, 발견함, 구분함, 토의함, 작성함, 모색함, 참여함, 실시함, 수행함, 노력함, 도움, 이끌어 냄, 드러냄, 제안함, 선정됨

#Input
활동 이름
다문화교육

#Output

"다문화교육"을 진행하며 다양한 문화에 대한 이해와 존중의 가치를 배움. 이에 따라 더욱 개방적이고 포용적인 태도를 보이게 됨. 다른 국가와 문화를 이해하고 존중하는 바람직한 태도를 함양함. 이를 통해 다문화 사회에서의 소통 능력과 문화적 감성이 향상되었음. 서로 다른 배경과 가치를 가진 사람들에게 더욱 존중과 이해를 보이는 모습을 보여줌. 이러한 변화는 다문화 사회에서의 소통 능력을 향상시키고, 다양한 문화를 이해하고 존중하는 태도를 갖게 됨을 보여줌. 이는 결국 학습자의 성장과 발전을 이끌어 냄.

5. 동아리 활동 초안 생성하기

동아리 활동도 아래와 같은 프롬프트를 활용하면 조금 더 쉽게 작성할 수 있다.

#Command
한국의 고등학교에서 30년간 근무한 베테랑 담임 교사처럼 행동해 줘.
너는 학생의 생활기록부를 작성하려고 해.
생활기록부 중에서도 학생의 '동아리 활동'을 작성하려고 해.
내가 준 '동아리 주요 활동'을 사용해서, 학생이 무엇을 배웠을지 추론해 봐.
그리고 그 배움을 통해서 행동이 얼마나 긍정적으로 바뀌었을지 상상해 봐.
또한, 태도도 얼마나 긍정적으로 바뀌었을지 상상해 봐.

#Constraints
하나의 자연스러운 문단으로 작성해 줘.
'학생'이라는 주어는 쓰지 마.
'그는', '그가', '그의'라는 말은 쓰지 마.
품격 있고 신뢰감이 있는 말투로 써 줘.
문장의 어미를 '~임', '~음', '~함'으로 해 줘.
글자 수는 500자 내외로 작성해.
문장은 아래와 같은 말 중에 골라서 끝나게 해 줘.
기술함, 서술함, 갖게 됨, 함양함, 발견함, 구분함, 토의함, 작성함, 모색함, 참여함, 실시함, 수행함, 노력함, 도움, 이끌어 냄, 드러냄, 제안함, 선정됨

#Input
동아리 주요 활동
브라질리언 주짓수 / 호신술 / 자신감 상승 / 학교폭력 예방 / 싸움을 말리기 / 학교 축제에서 호신술 체험 부스 안내 및 진행

#Output

주요 활동을 통해 다양한 배움을 얻게 되었음. 브라질리언 주짓수와 호신술을 통해 체력과 끈기, 그리고 스트레스 해소 방법을 배움. 또한 이러한 신체적인 활동을 통해 자신감을 상승시킬 수 있었음. 학교폭력 예방 활동을 통해 성장하는 과정에서 필요한 도덕성과 사회성을 배우게 됨. 싸움을 말리는 활동을 통해 대화와 타협의 중요성을 깨닫게 됨. 또한, 학교 축제에서 호신술 체험 부스를 안내하고 진행하는 과정에서 리더십과 책임감, 그리고 팀워크를 배우게 됨.

이러한 경험들은 행동에 영향을 미치게 됨. 체력을 길러내고 끈기를 가지게 됨으로써 일상생활에서도 능동적이고 활발한 모습을 보여줌. 자신감이 상승함에 따라 주변 사람들에게 긍정적인 에너지를 전달하며, 도덕성과 사회성을 갖춘 모습으로 학교 생활을 이끌어 감. 대화와 타협을 중요시하는 태도를 갖게 됨으로써 학교 내에서의 문제 상황에 대해 평화롭게 해결하는 능력을 갖게 됨.

또한, 축제에서의 활동을 통해 리더십과 책임감, 그리고 팀워크를 실제로 체험하고 실천함으로써 학교 생활뿐만 아니라 사회생활에도 큰 도움이 될 것임을 발견함. 이렇게 다양한 경험을 통해 배움과 변화를 가져오는 것은 그의 성장 과정에서 중요한 역할을 수행함. 이러한 변화는 그가 앞으로 나아가는 길에서도 더욱 빛나는 인간으로서의 모습을 드러냄.

6. 교과 세부 능력 및 특기 사항(세특) 초안 생성하기

아래 프롬프트를 통해 초안을 다양하게 생성할 수 있다.

#Command
한국의 고등학교에서 30년간 근무한 베테랑 담임 교사처럼 행동해 줘.
너는 학생의 생활기록부를 작성하려고 해.
생활기록부 중에서도 '교과 세부 능력 및 특기 사항'을 작성하려고 해. '세부 능력 및 특기 사항'이란 학생들이 수업 중에 했던 활동을 통해 변화하고 성장한 것을 교사가 구체적으로 기록한 내용이야.
내가 '과목'과 '활동'을 알려 줄게. 이것을 토대로 이 학생이 달성한 수준이 높을 때, 보통일 때, 낮을 때 3단계로 나눠서 각 3가지 예시문을 생성해 줘.

#Constraints
'학생'이라는 주어는 쓰지 마.
'그는', '그가', '그의'라는 말은 쓰지 마.
품격 있고 신뢰감이 있는 말투로 써 줘.
문장의 어미를 '~임', '~음', '~함'으로 해 줘.

#Input
과목: 영어
활동: 미래 명함 만들어 보기

#Output

수준이 높음:

1. 영어 수업에서 미래 명함 제작 활동을 통해 독특한 창의력과 고급 어휘 능력을 선보임. 특히, 자신이 희망하는 직업에 대한 설명을 세세하게 표현하며, 탁월한 표현력을 보여줌.
2. 명함 제작 과정에서 비즈니스 영어에 대한 이해도가 뛰어남을 보여줌. 특히, 자신의 직업을 표현하는 데 필요한 전문 용어를 올바르게 사용함.
3. 자신의 미래를 직접 설계하고, 그것을 영어로 표현하는 능력이 뛰어남. 이를 통해 자신만의 명함을 완성시킴.

수준이 보통임:
1. 영어 수업에서 미래 명함 제작 활동에 적극적으로 참여함. 직업 설명에 필요한 기본적인 영어 표현을 사용하여 자신의 명함을 완성시킴.
2. 직업에 관련된 영어 단어를 알맞게 사용함. 그러나 보다 전문적인 어휘나 표현에는 약간의 어려움을 겪음.
3. 자신의 미래를 설계하고, 그것을 영어로 표현하는 데 일정 수준의 능력을 보여줌. 다만, 어휘 선택이나 문장 구성에서 다소 개선이 필요함.

수준이 낮음:
1. 영어 수업에서 미래 명함 제작 활동에 참여하였으나, 자신의 미래를 영어로 표현하는 데 어려움을 겪음. 기본적인 영어 표현을 사용하는 데도 다소 어려움이 있음.
2. 직업에 관련된 영어 단어 선택이나 문장 구성에서 부족함을 보여줌. 이에 따라 자신의 명함 제작에 어려움을 겪음.
3. 자신의 미래를 설계하고, 그것을 영어로 표현하는 능력이 아직 미흡함. 이를 통해 자신만의 명함을 완성시키기 위해 더 많은 연습이 필요함.

TIP 좋은 세특에 대한 견해

좋은 세특에 반드시 포함되어야 하는 내용은 무엇일까? 정답은 없지만, 필자는 아래 내용들은 꼭 들어가도록 노력한다.

1. 평소 학습 태도
2. 과제와 성취 기준
3. 그 성취 기준을 성취한 정도와 과정
4. 기타 특징(협력, 리더십, 성장 등)

1. 평소 학습 태도	평소 영어 수업에서 영어 능력 향상을 위해 노력하는 자기주도성이 돋보임.
2. 과제와 성취 기준	영자신문 사설 "Should We Continue TV Talents Shows?"를 읽고 필자의 논지를 파악한 후 찬반 의견을 영어로 작성하여 발표하는 수업에 참여함.
3. 그 성취 기준을 성취한 정도와 과정	수업 시간에 배웠던 독해 기법과 어휘를 사용해 영어 사설에 관한 내용 확인 문제 풀이를 완벽히 수행함. 논지에 대해 찬반 의견을 영어로 작성하는 활동에서 자신의 논리를 체계적으로 제시함. 찬성하는 의견에 대한 근거를 제시하며 자신의 의견을 논리적으로 설명함.
4. 기타 특징	모둠원과의 협력 학습을 통해서 과제를 준비하고 발표하는 과정에서 배려심과 협동심을 발휘함. 특히 다양한 수준과 관점을 가진 팀원들의 의견을 체계적으로 구분하고 공통된 합의점을 찾아, 명확한 주장을 도출하는 리더십을 발휘함. 동료평가에서 동료의 결과물에 대해 의미 있는 피드백을 제공하고 자기평가에서도 자신의 활동에 대해 객관적 시각으로 평가를 하는 등 비판적인 사고를 통해 자기 개선을 이루어 나가는 성찰적 자세를 보여 항상 발전의 여지를 보이는 학생임.

TIP 수행평가 채점 기준표 작성 방법

학년 초에 평가 계획을 제출할 때 시간이 촉박해서 대충 만들게 되곤 한다. 조금만 더 신경을 써서 수행평가 채점 기준표를 세특처럼 작성해 보는 것을 추천한다. 학생들에게 피드백을 줄 때도 좋고, 세특을 작성할 때도 큰 도움이 된다.

아래는 필자가 쓰는 말하기 평가 채점 기준표 예시다. 이것도 역시 채점 결과를 조금만 수정하면 바로 세특으로 쓸 수 있게 해 봤다.

항목	채점 기준	점수
내용	내용이 구체적이고, 문장 간 연결이 유기적이며, 문법적 오류가 거의 없고 적절한 어휘를 사용함.	3
	내용이 비교적 구체적이고, 문장 간 연결이 대체로 자연스러우며, 다소의 문법적 오류가 있으나 내용 전달에 큰 어려움이 없음.	2
	내용의 구체성이 부족하고, 문장 간의 연결이 매끄럽지 못하며, 문법적 오류로 내용 전달이 다소 어려움.	1
유창성	머뭇거림이 매우 적고, 분명한 발음과 자연스러운 억양으로 발표함.	4
	머뭇거림이 약간 있으나, 발음과 억양이 대체로 자연스러움.	3
	발표 중 머뭇거림이 많으며 발음 및 억양이 다소 부정확함.	2
	발표 중 머뭇거림이 많아 의미를 이해하기 다소 어렵고, 발음 및 억양이 부정확한 부분이 매우 많음.	1
전달력	목소리가 크고 청중을 똑바로 바라보며 발표하여 전달력이 우수함.	3
	목소리가 크지는 않고 대체로 청중을 바라보며 발표하나 내용 전달에 큰 어려움은 없음.	2
	목소리가 작거나 청중을 바라보지 않고 발표하여 전달력이 다소 떨어짐.	1

TIP 세특 예시 추천 자료

세특도 인터넷에 떠도는 자료가 워낙 많아서 다 읽어 보기가 어렵다. 이 책을 읽으시는 선생님들의 소중한 시간을 절약해 드리기 위해, 나름 최고의 자료를 선정해 봤다.

2022 교과 세특 기재 예시 및 도움 자료

: 비교적 최근 자료이고, 홍보가 많이 되어서 아마 가지고 계신 분들이 많을 것이다. 거의 모든 과목이 들어 있고, 좋은 세특의 예시를 간결하게 수록해 놓았다. 시간이 없어서 한 권만 봐야 한다면 이것을 추천한다.

2017 과목별 과정 중심 평가와 연계한 교과 세부 능력 및 특기 사항

: 과목별로, 학교급별로 상세하게 정리된 자료다. 하고 많은 자료 중에 왜 하필 2017년에 발간된 이 자료냐면, '하' 수준의 학생들을 위한 세특까지 제공하기 때문이다. 다른 자료들은 보통 '상' 수준만 제공하고, '중'이나 '하' 수준의 세특은 다소 신경을 쓰지 않는다. 그런데 쓸 내용이 넘치는 '상' 수준 아이들은 작성이 더 쉽지 않던가? 반대로 수업 참여도가 저조한 학생들은 훨씬 더 작성하기 어렵다. 세특을 써 본 사람들은 아마 99% 공감할 것이다. 그런 점에서 이 자료가 상당히 가치가 있다.

TIP 학생의 개별 수행평가 결과물을 내 손으로 하나하나 세특에 옮겨 적지 않아도 되는 방법

발표 수행평가나 쓰기 수행평가를 하고 나면 그 내용을 일일이 읽고 다시 컴퓨터로 옮겨 쓰기가 상당히 번거롭다. 그럴 때는 수행평가나 특정 활동이 끝난 뒤, 학생들이 그 내용을 구글 설문으로 직접 제출하도록 해 보자.

세 가지 질문만 반드시 들어가면 된다.

1. 학번을 적어 주세요.
2. 이름을 적어 주세요.
3. 발표 내용을 '~라는 주제로 발표함'으로 요약해서 적어 주세요.

이때 학생이 자기 스스로 '~라는 주제로 훌륭하게 발표함'이라고 쓰지 말도록 지도한다. 가끔 염치없는 친구들이 있다.

발표 기록

설문지 설명

학번을 적어주세요. *

ex) 10101

단답형 텍스트

이름을 적어주세요. *

ex) 박석경

단답형 텍스트

________________라는 주제로 발표함. *

자신의 발표 내용을 요약해서 위 문장에 들어가도록 한 문장으로 적어주세요.

('~한다.' / '~이다'라는 문장으로)

ex) 소셜 미디어는 서로 삶을 비교하면서 자존감에 상처를 주고, 또한 가짜 정보들이 많아서 부정적인 영향을 끼친다.

장문형 텍스트

내년도 친구들을 위해 개선이 필요한 점이 있다면 적어주세요. *

영어 교사가 만든

영어 교사를 위한

찐 실전 ChatGPT

생성형 AI 영어수업 활용하기!

2024년 7월 18일 1판 1쇄 발 행
2024년 11월 15일 1판 3쇄 발 행

지 은 이 : 손지선, 양현, 박석경, 박한나 공저

펴 낸 이 : 박 정 태

펴 낸 곳 : **주식회사 광문각출판미디어**

10881
파주시 파주출판문화도시 광인사길 161
광문각 B/D 3층
등 록 : 2022. 9. 2 제2022-000102호
전 화(代) : 031-955-8787
팩 스 : 031-955-3730
E - mail : kwangmk7@hanmail.net
홈페이지 : www.kwangmoonkag.co.kr

ISBN : 979-11-93205-29-7 93000

값 : 15,000원